ⵣ LOCCUMER PROTOKOLLE 71/10

Herausgeber
Joachim Lange
Arno Brandt

Die Zukunft der regionalen Strukturpolitik

Joachim Lange und Arno Brandt (Hrsg.): Die Zukunft der regionalen
Strukturpolitik, Rehburg-Loccum 2011.

Dokumentation einer Tagung der Evangelischen Akademie Loccum vom 18. bis 19.
November 2010 in Kooperation mit der NBank, dem NIW und der NORD/LB.
Redaktion: Dr. Joachim Lange
Sekretariat: Karin Buhr
Layout: Anne Sator

Das Loccumer Protokoll enthält Originalbeiträge der Tagung. Soweit diese auf
Tonbandmitschnitten beruhen, wurden sie von den Autorinnen und Autoren
überarbeitet und zur Veröffentlichung freigegeben.
© Alle Rechte bei den Autoren

Printed in Germany
Druck: GGP media on demand, Pößneck
ISSN 0177-1132
ISBN: 978-3-8172-7110-8

Die Reihe ЖК LOCCUMER PROTOKOLLE wird herausgegeben von der
Evangelischen Akademie Loccum. Bezug über den Buchhandel oder direkt über:
Evangelische Akademie Loccum
Protokollstelle
Postfach 2158
31545 Rehburg-Loccum
Telefon: 05766/81-119, Telefax: 05766/81-900
E-Mail: Protokoll.eal@evlka.de

Inhalt

Joachim Lange	Vorwort	5
Silvia Stiller	Herausforderungen für die regionale Strukturpolitik	7
Guido Nischwitz	Was leisten die regionalen Entwicklungspolitiken für die ländlichen Räume?	17
Hans-Ulrich Jung	Regionalwirtschaftliche Entwicklungsperspektiven urbaner und ländlicher Räume in Norddeutschland. Konsequenzen für die regionale Entwicklungspolitik	43
Holger Bornemann	Wo steht die regionale Strukturpolitik im ländlichen und urbanen Raum? Erläuterungen am Beispiel der EFRE-finanzierten RWB Programme in Deutschland.	71
Alexander Skubowius	Umsetzung der EFRE-Strukturpolitik in Niedersachsen und Konsequenzen für die zukünftige Ausgestaltung der Förderpolitik	91
Eberhard Franz	„Europa 2020": Ein Ausblick auf die zukünftige EU-Förderung	109
Arno Brandt	Strukturpolitik 3.0	127
Michael Runge	Zukünftige Regionalpolitik / Regionale Strukturpolitik aus Sicht der Landesregierung	139
Karin Beckmann	Zwischenresümee zur Abschlussdiskussion	147

Inhalt

Anhang

Tagungsprogramm 155

Liste der Teilnehmerinnen und Teilnehmer 159

Ausgewählte Loccumer Protokolle 165

Joachim Lange

Vorwort

Die regionale Wirtschafts- und Strukturpolitik wird in Niedersachsen und Deutschland stark durch die Regionalpolitik der Europäischen Union beeinflusst. Die aktuelle Förderperiode läuft 2013 aus, bereits im Jahre 2010 gab die EU-Kommission erste Hinweise auf ihre Vorstellungen zur künftigen Regionalpolitik, auch wenn die Debatte über die finanzielle Vorausschau 2014 bis 2020 erst im Jahre 2011 richtig Fahrt aufnahm.

Aufgrund der zusätzlichen Aufgaben der EU durch den Lissabon-Vertrag und der Erweiterungen der EU werden die für Deutschland und Niedersachsen zur Verfügung stehenden Mittel unter erheblichen Druck geraten. Doch kann Druck von außen auch der Anlass für eine Rückbesinnung auf eigene Ziele und Potenziale sein. Für eine solche Rückbesinnung ist u.a. zu fragen:

- Welches sind die Herausforderungen an die zukünftige regionale Strukturpolitik?
- Wie wird die EU-Regionalpolitik künftig ausgerichtet sein?
- Wie soll die regionale Strukturpolitik unter neuen Rahmenbedingungen ausgestaltet werden?

Zur Beantwortung dieser Frage veranstaltete die Evangelische Akademie Loccum in Kooperation mit der Norddeutschen Landesbank, der NBank und dem Niedersächsischen Institut für Wirtschaftsforschung im November 2010 eine Tagung, deren Beiträge der vorliegende Band dokumentiert.

Allen, die an der Tagung und der Entstehung des vorliegenden Bandes mitgewirkt haben, sei an dieser Stelle für ihr Engagement und ihre Kooperationsbereitschaft herzlich gedankt.

Loccum im September 2011

Silvia Stiller

Herausforderungen für die regionale Strukturpolitik

Regionale Entwicklungen in der jüngeren Vergangenheit

Die ökonomische Entwicklung wird in zahlreichen Regionen und Städten Deutschlands geprägt vom ökonomischen Strukturwandel, in dessen Verlauf der Anteil von Dienstleistungsarbeitsplätzen an der Gesamtbeschäftigung zunimmt. So ist der Bruttowertschöpfungsanteil der Dienstleistungen in Deutschland in den letzten Jahrzehnten kontinuierlich gestiegen und liegt gegenwärtig bereits bei rund 72 Prozent, wobei zahlreiche Regionen – insbesondere die urbanen Dienstleistungsmetropolen – diesen Wert bereits deutlich überschreiten. Im Zuge dieser wirtschaftsstrukturellen Veränderungen zeigen sich ausgeprägte Unterschiede in der räumlichen Arbeitsplatzdynamik. Es gibt zahlreiche Boom-Regionen und -Städte, in denen neue Arbeitsplätze entstehen und die hohe Wachstumsraten zu verzeichnen haben. Exemplarisch seien hier Bonn, Hamburg und Münster genannt, wo allein im Zeitraum von 2003 bis 2008 die Zahl der Arbeitsplätze zwischen siebent und acht Prozent zugenommen hat. Andere Regionen und Städte befinden sich hingegen in einer Abwärtsspirale, in welcher der Abbau von Arbeitsplätzen oder wirtschaftliche Stagnation Bevölkerungsverluste nach sich zieht. Diese Abwanderungen verstärken in der Tendenz das Abbröckeln der ökonomischen Basis, weil sie sich negativ auf das Arbeitskräftepotenzial und die Attraktivität von Regionen auswirken. Abbildung 1 verdeutlicht die Unterschiede in der Entwicklungsdynamik der deutschen Kreise und kreisfreien Städte. Es zeigt sich eine räumliche Ballung von Wachstumsregionen, denen großräumige Gebiete mit einer mangelnden Arbeitsplatzdynamik gegenüber stehen.

Abb. 1: Entwicklung der Erwerbstätigenzahlen 2000 bis 2008

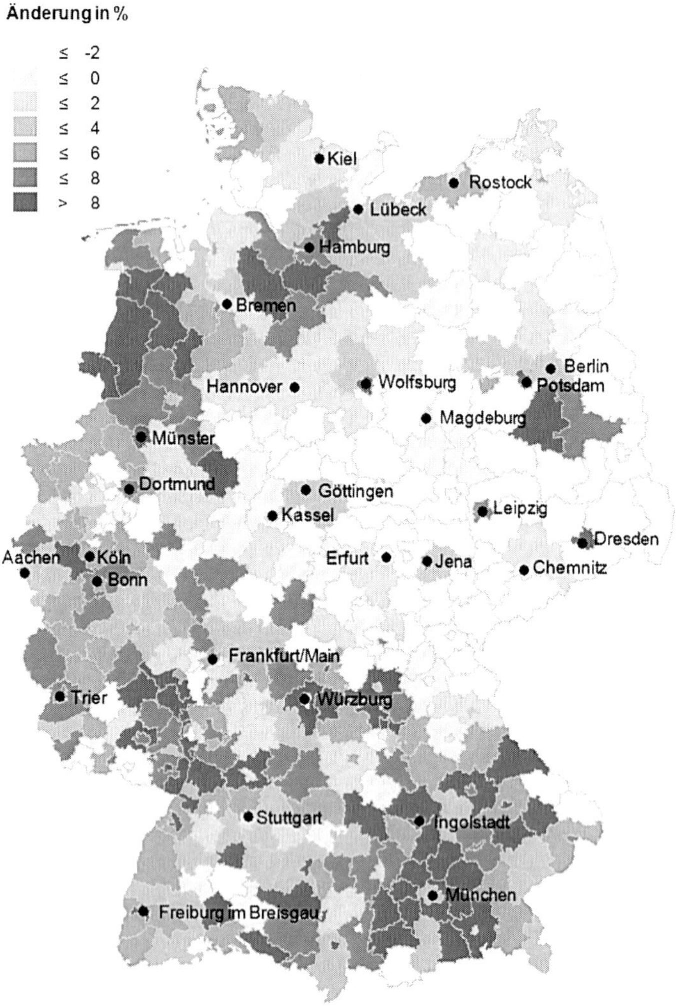

Quellen: Arbeitskreis Volkswirtschaftliche Gesamtrechnungen der Länder (2010); Berechnungen HWWI.

Silvia Stiller

Raumrelevante Zukunftstrends

Es hängt von den räumlichen Effekten der zukunftsprägenden Entwicklungstrends ab, ob sich die bestehenden regionalen Entwicklungsdisparitäten in Deutschland zukünftig verschärfen werden. Zu den Entwicklungseinflüssen, welche das raumwirtschaftliche Gefüge verändern werden, zählen insbesondere demografische Veränderungen, der Strukturwandel hin zu Dienstleistungsgesellschaften und Wissensökonomien, die Bedeutungszunahme wissensintensiver Berufe und der technologische Fortschritt. Diese Tendenzen werden differenzierte regionale Auswirkungen haben, weil die deutschen Städte und Regionen deutliche Unterschiede in den Standortbedingungen und Wirtschaftsstrukturen aufweisen. Deshalb werden sie unterschiedlich stark vom wissensbasierten Strukturwandel profitieren können und differenzierte Anziehungskraft auf qualifizierte Arbeitskräfte ausüben, wobei diese regionalen Eigenschaften zentrale Determinanten für regionales Wachstum darstellen.

Demografische Veränderungen

In den kommenden Jahrzehnten wird die Bevölkerung in Deutschland mit hoher Wahrscheinlichkeit zurückgehen. Gleichzeitig wird sich der Bevölkerungsaufbau in seiner Struktur verändern. Die Anteile älterer Personen an der Gesamtbevölkerung und an der Erwerbsbevölkerung werden zunehmen. Diese generellen Entwicklungstendenzen der natürlichen Bevölkerungsentwicklung resultieren aus einem kontinuierlichen Anstieg der Lebenserwartung und niedrigen Geburtenziffern.

Während diese Tendenzen den demografischen Wandel auf der gesamtwirtschaftlichen Ebene dominieren, sind die durch die niedrige Fertilität und die hohe Lebenserwartung bedingten demografischen Rahmenbedingungen für einzelne Regionen keineswegs unausweichlich. Weil Wanderungen zwischen den Regionen innerhalb Deutschlands uneingeschränkt möglich sind, können Wanderungen die Tendenzen der natürlichen Bevölkerungsentwicklung in einzelnen Regionen erheblich verstärken oder auch umkehren.

Gegenwärtig forcieren Abwanderungen in zahlreichen Regionen die Alterung und den Bevölkerungsrückgang. Aber es gibt auch Regionen in Deutschland, die neue Bewohner anziehen. Vielerorts in Deutschland nimmt die Bedeutung von Städten als Wachstumsmotoren zu, was sie zunehmend attraktiver für Zuwanderer werden lässt. Die räumliche Konzentration des Bevölkerungswachstums und der Alterung verdeutlicht die Geografie des Bevölkerungswachstums in Deutschland in der jüngeren Vergangenheit (vgl. Abbildung 2).

Das Bevölkerungswachstum ist in zahlreichen urbanen Räumen und deren Umland, insbesondere in Westdeutschland, besonders hoch. In Ostdeutschland treten Berlin, Dresden und Leipzig hinsichtlich der Bevölkerungsentwicklung positiv hervor. Auf der anderen Seite gibt es zahlreiche Regionen, die im Zeitraum von 2003 bis 2008 Bevölkerungsverluste aufwiesen. Dies trifft nahezu flächendeckend auf Mecklenburg-Vorpommern, Sachsen, Sachsen-Anhalt und Thüringen zu. Aber auch Regionen in anderen Bundesländern, insbesondere in Rheinland-Pfalz und Nordrhein-Westfalen, haben Bevölkerung verloren.

Die Fortsetzung der räumlichen Bevölkerungstrends würde zu einer starken Polarisierung der räumlichen Entwicklung führen. Dies illustrieren exemplarisch die aktuellen Bevölkerungsprognosen für Niedersachsen, Nordrhein-Westfalen und Sachsen (vgl. LSKN 2010, IT.NRW 2010, Statistisches Landesamt des Freistaates Sachsen 2010). In Niedersachsen reicht das Prognoseintervall für den Zeitraum von 2009 bis 2031 von einer Abnahme der Bevölkerung in Salzgitter um 28 Prozent bis zu einem Bevölkerungszuwachs von 20 Prozent in Vechta. In Nordrhein-Westfalen werden voraussichtlich die Städte Bonn, Düsseldorf und Köln mit einer Bevölkerungszunahme von mehr als zehn Prozent bis zum Jahr 2030 besonders stark wachsen. Andere Städte dagegen stehen, auch aufgrund ihrer vergleichsweise schwachen wirtschaftlichen Basis, vor der Herausforderung, zukünftigen Bevölkerungsverlusten entgegen zu wirken. In der Prognose ergibt sich zum Beispiel für Bochum ein Bevölkerungsrückgang von neun, für Wuppertal von sieben und für Essen von fünf Prozent. Diese Beispiele für aktuelle Bevölkerungsprognosen verdeutlichen, dass es zukünftig nicht nur potenziell zu gegensätzlichen Entwicklungen von ländlichen und urbanen Räumen, sondern auch zu einem Auseinanderklaffen von Städten kommen könnte. Dies impliziert auch die aktuelle Bevölkerungsprognose für Sachsen. Während für Dresden (+ 7 %) und Leipzig (+ 3,8 %) bis zum Jahr 2025 deutliche Bevölkerungszuwächse vorausberechnet werden, fallen die Bevölkerungsprognosen für Städte wie Chemnitz, Görlitz und Zwickau deutlich negativ aus.

Abb. 2: Bevölkerungswachstum von 2003 bis 2008

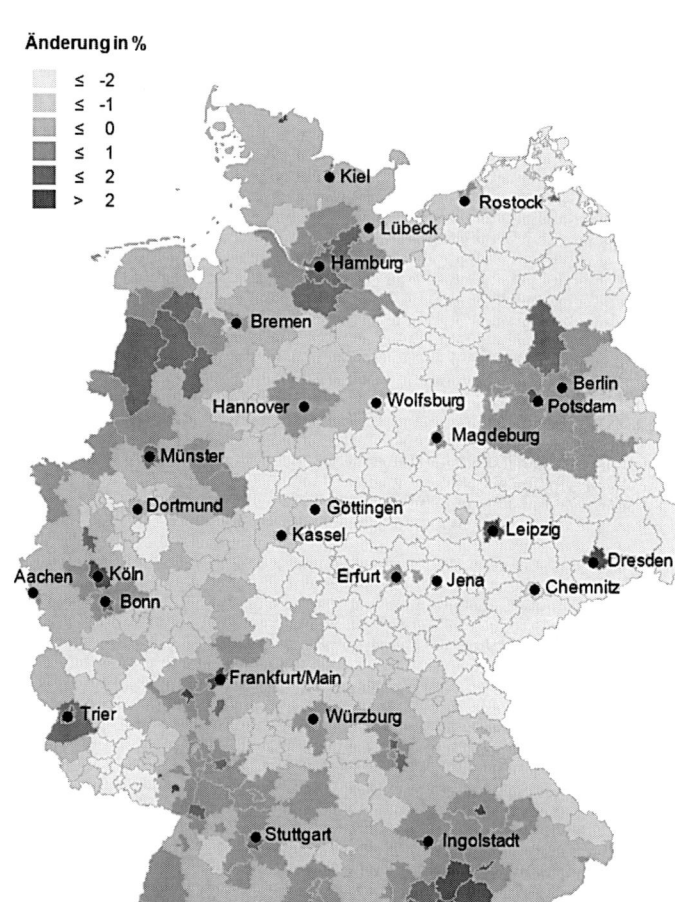

Quellen: Arbeitskreis Volkswirtschaftliche Gesamtrechnungen der Länder (2010); Berechnungen HWWI.

Silvia Stiller

Wissensbasierter Strukturwandel

Die Palette der Güter und Dienstleistungen, die in Deutschland erstellt wird, ändert sich kontinuierlich. Im Verlauf der kommenden Jahrzehnte werden wissensintensive Dienstleistungsbranchen und forschungsintensive Industrien weiter expandieren. Diese Wirtschaftszweige sind gekennzeichnet durch einen hohen Anteil hoch qualifizierter Arbeitskräfte und ausgeprägter Forschungs- und Entwicklungskapazitäten. Dazu zählen beispielsweise der Fahrzeugbau, die Chemieindustrie, Architektur- und Designbüros sowie die Medienwirtschaft.

In der Tendenz stärkt dieser Strukturwandel die Bedeutung der Städte als Impulsgeber für regionales Wachstum, weil diese den Unternehmen der Wissenswirtschaft attraktive Standortbedingungen bieten. Denn Universitäten sowie Forschungseinrichtungen, welche wichtige Impulse für die Entwicklung der Wissenswirtschaft setzen, befinden sich überwiegend in urbanen Zentren. Zudem konzentrieren sich hoch qualifizierte Arbeitskräfte in Städten. Hingen weisen zahlreiche ländliche Regionen ungünstigere Voraussetzungen hinsichtlich der Schlüsselressource Wissen auf.

Abbildung 3 verdeutlicht, dass Städte die dominierenden Arbeitgeber für hoch qualifizierte Arbeitskräfte sind. In vielen Städten liegt der Anteil dieser Beschäftigten an allen Beschäftigten über 13 Prozent. Spitzenwerte mit mehr als einem Fünftel hochqualifizierter Beschäftigter erreichen Bonn (23,6 %), Dresden (22,9 %), Aachen (21,8 %) und München (21,7 %). Es gibt aber auch Städte, die sich bisher nicht als Standorte für Arbeitsplätze Hochqualifizierter etabliert haben. Zu nennen sind hier exemplarisch Gelsenkirchen (5,6 %), Duisburg (6,7 %) und Mönchengladbach (8,0 %).

Insgesamt lässt sich aus den wirtschaftsstrukturellen Veränderungen und der Bedeutungszunahme des Faktors Wissen für die Regionalentwicklung schließen, dass die regionalökonomische Bedeutung von ökonomisch leistungsfähigen Städten zukünftig weiter zunehmen wird. Denn aufgrund ihrer spezifischen Standortbedingungen sind Städte Zentren des wissensbasierten Strukturwandels.

Abb. 3: Anteil der hoch qualifizierten Beschäftigten*
an allen Beschäftigten 2008

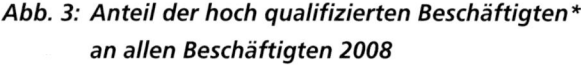

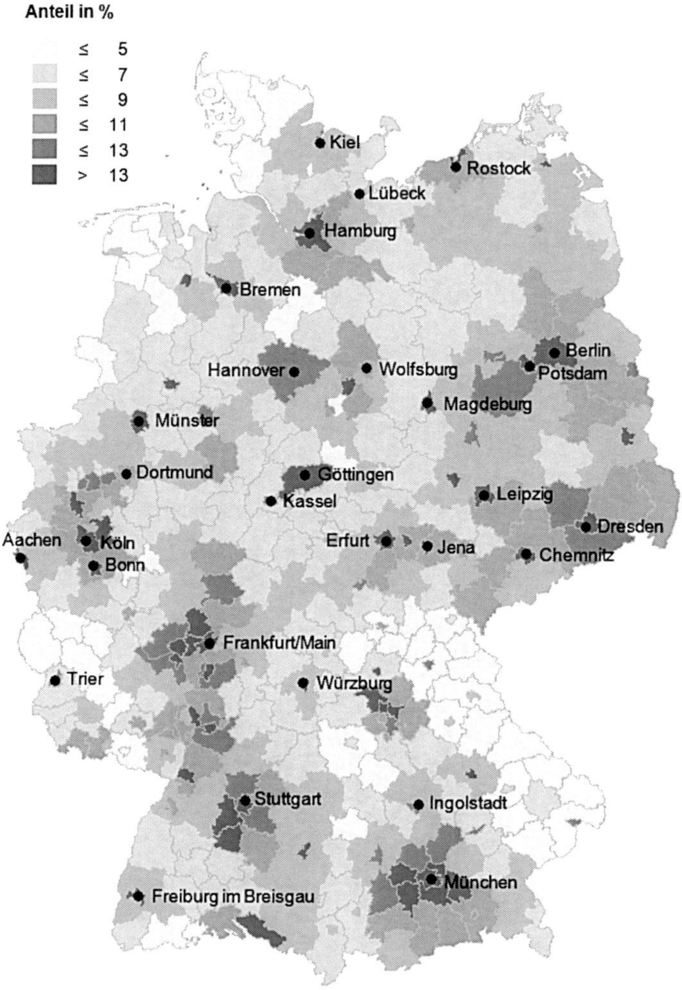

* Sozialversicherungspflichtig Beschäftigte mit Fach-, Fachhoch- oder Hochschulabschluss.
Quellen: Bundesagentur für Arbeit (2010); Berechnungen HWWI.

Abb. 4: Anteil der Beschäftigten in Forschung und Entwicklung an allen Beschäftigten 2008

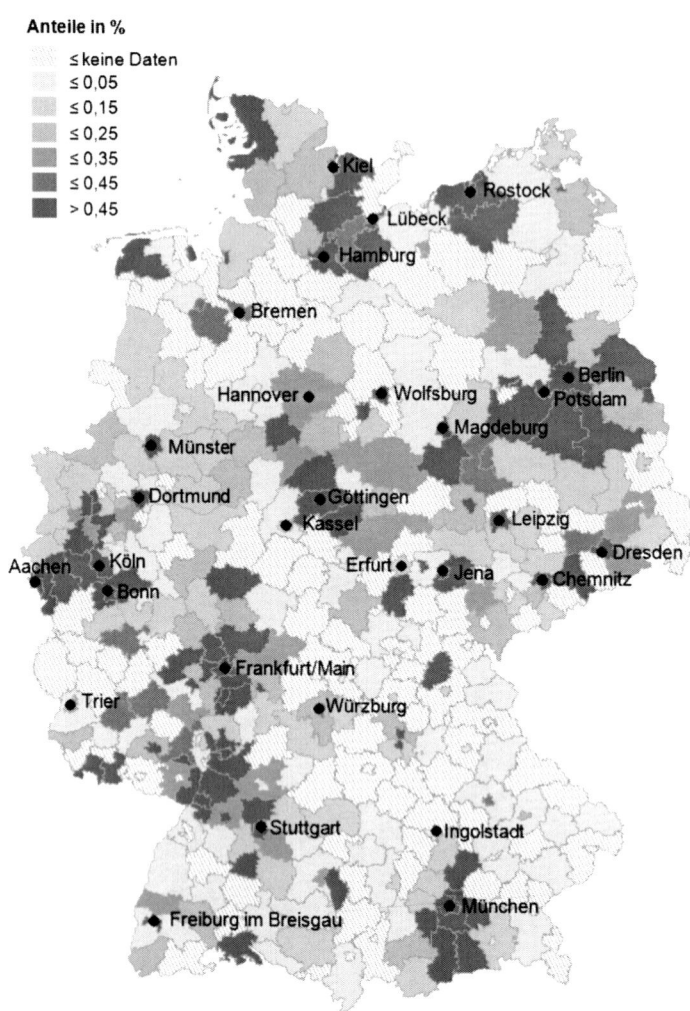

Quellen: Bundesagentur für Arbeit (2010); Berechnungen HWWI.

Silvia Stiller

Technologische Leistungsfähigkeit

Die Position der deutschen Städte und Regionen im (internationalen) Standortwettbewerb wird von ihrer technologischen Leistungsfähigkeit beeinflusst, die eine wesentliche Determinante für die ökonomischen Entwicklungspotenziale der Regionen ist. Ein wichtiges Handlungsfeld zur positiven Beeinflussung der technologischen Leistungsfähigkeit sind Investitionen in Forschung und Entwicklung. In Deutschland gibt es stark ausgeprägte räumliche Disparitäten hinsichtlich der Forschungs- und Entwicklungskapazitäten, was der Anteil der Beschäftigten in Forschung und Entwicklung illustriert (vgl. Abbildung 4). Diese konzentrieren sich im Umkreis der dynamischen deutschen Großstädte. Hingegen spielen Arbeitsplätze in der Forschung und Entwicklung in weiten Landstrichen in Deutschland keine Rolle. Diese regionalen Unterschiede sind ein weiterer Hinweise darauf, dass die regionalen Fähigkeiten, mit dem Strukturwandel Schritt zu halten, in Deutschland sehr heterogen sind.

Regionale Strukturpolitik der Zukunft

Die Bedeutung von Forschung und Entwicklung, Innovationsfähigkeit und Wissen für regionales Wachstum wird zukünftig weiter zunehmen. Diese Entwicklung vergrößert in der Tendenz die ökonomischen Unterschiede zwischen Städten. Denn die deutschen Städte und Regionen weisen in unterschiedliche Voraussetzungen für den wissensbasierten Strukturwandel auf. Dies verdeutlicht beispielsweise die räumliche Verteilung der hoch qualifizierten Beschäftigten und der Forschungs- und Entwicklungskapazitäten, welche in urbanen Räumen konzentriert sind. In der Tendenz wird regionale Strukturpolitik deshalb mit wachsenden räumlichen Einkommensunterschieden und der Gefahr stärkerer räumlicher Polarisierung konfrontiert sein. Deshalb werden die Herausforderungen an die Strukturpolitik steigen, wenn sie auch zukünftig dem Ausgleich räumlicher Unterschiede dienen soll.

Ferner erwachsen neue Herausforderungen an die Strukturpolitik daraus, dass die Regionalentwicklung und -planung im Zuge der fortschreitenden interregionalen Vernetzungen sowie der Expansion funktionaler sowie regionaler Arbeitsteilung auf komplexere und dynamischere Prozesse treffen. Innovative Ansätze der regio-

Silvia Stiller

nalen Strukturpolitik rücken den Menschen und Investitionen in Bildung in den Fokus, weil „Wissen" eine Schlüsselressource für regionales Wachstum ist. Denn im Zuge der Expansion wissensintensiver Dienstleistungsbranchen und forschungsintensiver Industrien wählen Firmen ihre Standorte nicht mehr vorderrangig nach traditionellen Standortfaktoren wie beispielsweise niedrige Steuersätze und günstige Immobilienpreise, sondern zunehmend nach der Verfügbarkeit von qualifizierter Arbeitskräften.

Literatur

Bundesagentur für Arbeit (2010): Sozialversicherungspflichtig Beschäftigte nach Regionen und ausgewählten Merkmalen, Nürnberg.
Information und Technik Nordrhein-Westfalen (IT.NRW) (2010): Bevölkerungsvorausberechnung bis 2030/2050 nach Altersjahren und Geschlecht.
Landesbetrieb für Statistik und Kommunikationstechnologie (LSKN) Niedersachsen (2010): Regionale Bevölkerungsvorausberechnung für Niedersachsen.
Statistische Ämter des Bundes und der Länder (2010b): Arbeitskreis „Volkswirtschaftliche Gesamtrechnungen der Länder", Online-Datenbank, [www.vgrdl.de].
Statistisches Landesamt des Freistaates Sachsen (2010): 5. Regionalisierte Bevölkerungsprognose für den Freistaat Sachsen bis 2025, Variante 1 (2006).

Guido Nischwitz

Was leisten die regionalen Entwicklungspolitiken für die ländlichen Räume?

1. Ländliche Räume

Mit der verstärkten gesellschaftspolitischen Aufmerksamkeit für Metropolregionen und der Neuorientierung raumwirksamer Politikfelder rücken auch die ländlichen Räume wieder in den Fokus von Politik, Gesellschaft und Wissenschaft. Begleitet wird diese „Renaissance" von der Frage nach der aktuellen Bedeutung von ländlichen Räumen. Während auf der einen Seite in der Raumordnungspolitik die Kategorie ländliche Räume in den Hintergrund tritt, lassen sich auf der anderen Seite auf den verschiedenen politischen Ebenen seit einigen Jahren Bestrebungen beobachten, dem Thema „Ländliche Räume" wieder mehr Beachtung zu schenken.

Im Zuge dieser Aufwertung bestimmt immer wieder die Frage nach einer Definition von ländlichen Räumen die wissenschaftliche und öffentliche Diskussion. Aufgrund ihrer wachsenden Heterogenität erscheint allerdings eine einheitliche Definition und Abgrenzung weder sinnvoll noch konsensfähig. Vor dem Hintergrund unterschiedlicher Ausgangslagen (u.a. Bevölkerungsdichte, Siedlungsstruktur, Lage im Raum, Wirtschaftsstruktur) und Funktionen sowie differenzierter Entwicklungspfade und -potenziale, entziehen sich die ländlichen Gebiete einer einheitlichen Charakterisierung. Von daher lässt sich auch die verbreitete Typisierung der Raumstruktur nach Zentrenerreichbarkeit, Zentralitätsmerkmalen und Bevölkerungsdichte nur als eine erste Annäherung an die Vielfältigkeit ländlicher Räume verstehen.

Anhand der Karten (1 und 2) des BBSR zur Einordnung des Bundesgebiets in Raumtypen und zur Bewertung von regionalwirtschaftlichen Entwicklungen, lässt sich auch für Niedersachsen diese Vielfältigkeit nachvollziehen. So reicht in Niedersachsen die Spannbreite ländlicher Räume von prosperierenden Regionen im Westen – wie dem Emsland und dem Oldenburger Münsterland – bis zu struktur-

Guido Nischwitz

Karte 1: Raumtypen ROB 2011 – Gemeindeverbände

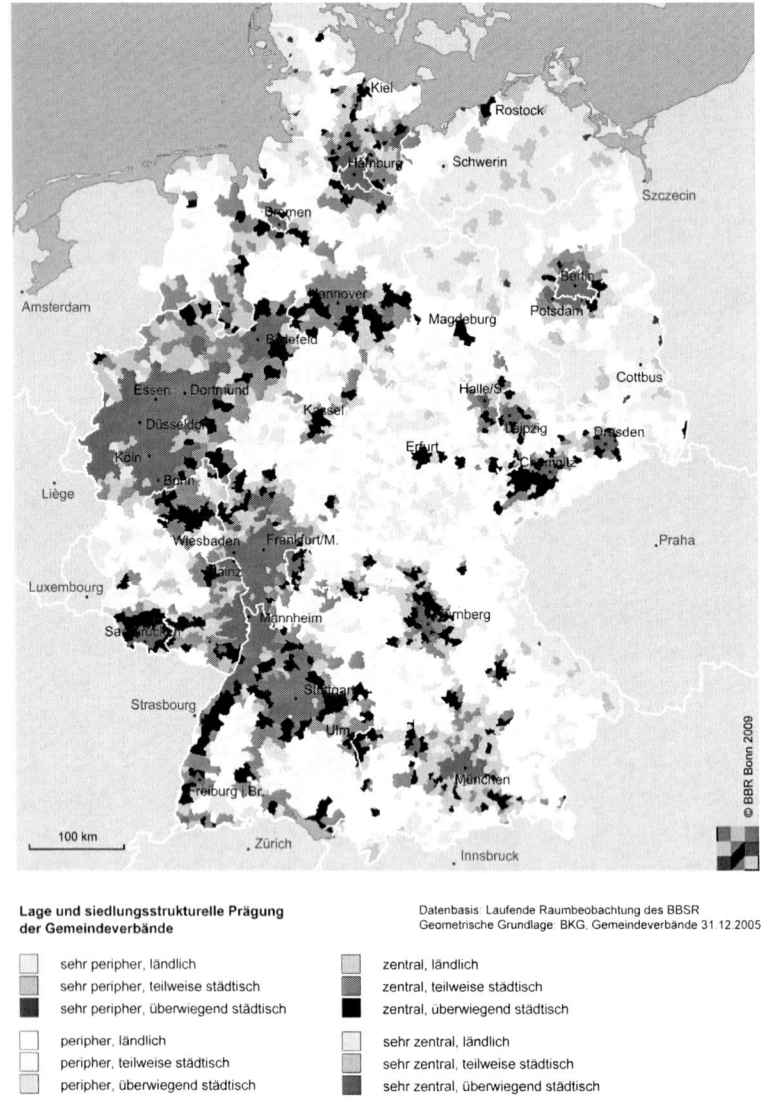

Lage und siedlungsstrukturelle Prägung
der Gemeindeverbände

Datenbasis: Laufende Raumbeobachtung des BBSR
Geometrische Grundlage: BKG, Gemeindeverbände 31.12.2005

- sehr peripher, ländlich
- sehr peripher, teilweise städtisch
- sehr peripher, überwiegend städtisch

- peripher, ländlich
- peripher, teilweise städtisch
- peripher, überwiegend städtisch

- zentral, ländlich
- zentral, teilweise städtisch
- zentral, überwiegend städtisch

- sehr zentral, ländlich
- sehr zentral, teilweise städtisch
- sehr zentral, überwiegend städtisch

Karte 2: Schrumpfende und wachsende Stadt- und Landkreise
in Deutschland im Zeitraum 2003 bis 2008

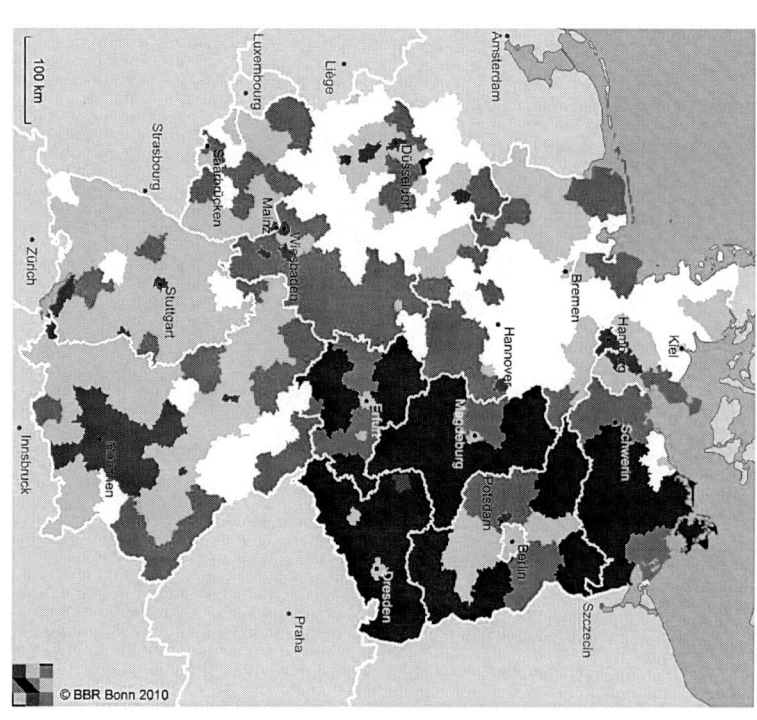

■ stark schrumpfend
▨ schrumpfend
☐ stabil
▨ wachsend
■ stark wachsend

Betrachtete Strukturindikatoren:
◆ Bevölkerungsentwicklung 2003-2008
◆ Gesamtwanderungssaldo 2006/07/08
◆ Arbeitsplatzentwicklung 2003-2008
◆ Arbeitslosenquote 2007/08
◆ Realsteuerkraft 2007/08
◆ Kaufkraft 2008

Klassendefinition nach der Häufigkeit von Werten der gerangreihten Strukturindikatoren im untersten (<20% aller Werte) und obersten (>20% aller Werte) Quintil
- stark schrumpfend: 4 - 6 Indikatoren im untersten Quintil
- schrumpfend: 1 - 3 Indikatoren im untersten Quintil
- stabil: keine Indikatoren im untersten oder obersten Quintil
- wachsend: 1 - 3 Indikatoren im obersten Quintil
- stark wachsend: 4 - 6 Indikatoren im obersten Quintil

Datenbasis: Laufende Raumbeobachtung des BBSR
Geometrische Grundlage: BKG, Kreisregionen, 31.12.2008

schwachen und eher peripher gelegenen ländlichen Räumen. Hierzu zählen u.a. das Wendland, die Küstenregion oder der Harz. Diese Regionen unterliegen einer Gemengelage an wirtschaftlichen und demografischen Schrumpfungsprozessen. Dabei lassen sich sowohl im groß- als auch im kleinräumigen Maßstab ein Nebeneinander an Schrumpfungs-, Wachstums- und Stagnationsprozessen beobachten.

2. Zentrale Herausforderungen und Handlungsfelder

Die wesentlichen Herausforderungen für die ländlichen Räume und für die Raumentwicklungspolitiken sind bekannt. Die EU Kommission (2008) hat vor dem Hintergrund eines Reflexionsprozesses über die Zukunft der europäischen Struktur- und Regionalpolitik nach 2013 in ihrem Arbeitspapier „REGIONEN 2020" vier Herausforderungen für die EU-Regionen benannt:
- *Globalisierung*: Übergang zu einer wissens- und dienstleistungsorientierten Wirtschaft
- *Demographischer Wandel*: Veränderung der Alters- und Beschäftigtenstruktur
- *Klimawandel*: ökologische und soziale Auswirkungen
- *Energie*: Energiesicherung, -versorgung und -effizienz.

Neben diesem Wandel übergreifender Rahmenbedingungen sind es v.a. die heterogenen regionsspezifischen Ausgangslagen, Entwicklungspfade und -potenziale, die die Akteure in den Regionen und die regionale Entwicklungspolitik vor besondere Herausforderungen stellen. Insbesondere strukturschwache und vergleichsweise peripher gelegene ländliche Regionen sehen sich zunehmend mit einem mehrdimensionalen und selbst verstärkenden Wandlungs- bzw. Schrumpfungsprozess konfrontiert (vgl. Nischwitz 2007 und 2011; Nischwitz/Mose. 2009).

Die besonderen Herausforderungen und Problemlagen von strukturschwachen ländlichen Räumen lassen sich wie folgt zusammenfassen:
- Wirtschaftliche Strukturschwäche: d.h. geringe regionalwirtschaftliche Leistungsfähigkeit und unterdurchschnittliches Bruttoinlandsprodukt/Einwohner;
- Monostrukturierte Wirtschaft und Unternehmenslandschaft: u.a. Konzentration auf Tourismus, Land- und Ernährungswirtschaft; hinzu kommen in einigen Regionen Probleme einer alt- oder deindustrialisierten Wirtschaft („lock-in");

- Angespannter Arbeitsmarkt (hohe Arbeitslosigkeit) und geringer Qualifizierungsgrad der Beschäftigten;
- Geringe Innovationsfähigkeit: geringe FuE-Intensität und Anzahl an FuE-Beschäftigten mit der Folge eines eingeschränkten Wissens- und Technologietransfers;
- Unklares regionales Profil und Image (Stigma „Verlierer-Region");
- Eingeschränkte regionale Strategie- und Handlungsfähigkeit;
- Geringer Mobilisierungsgrad relevanter Akteure, eingeschränkte Bereitschaft und Fähigkeit zu kooperativem Handeln im regionalen Kontext;
- Unterdurchschnittlicher Wohlstand, geringe Kaufkraft und geringes privates Haushaltseinkommen;
- Ausgeprägte Finanzkapitalschwäche der Kommunen und Unternehmen;
- Angespannte Tragfähigkeit der Infrastruktur (u.a. in den Bereichen Nahversorgung, Ver- und Entsorgung, Verkehr);
- Ökonomische und politische Abhängigkeit: u.a. geringe Ausstattung mit Entscheidungs- und Kontrollfunktionen in Verwaltung und Wirtschaft.

Unter den Überschriften „Wirtschaft und Arbeit", „Tragfähigkeit der Infrastruktur" oder „Bildung und Qualifizierung" lassen sich die eher klassischen Problem- und Handlungsfelder zusammenfassen. Sie unterliegen einer starken gesellschaftspolitischen Aufmerksamkeit und stehen damit auch im Fokus der Struktur-, Regional- und Arbeitsmarktpolitik.

Weniger Beachtung finden hingegen Fragen nach der regionalen Strategie-, Selbstregulierungs- und Handlungsfähigkeit („institutional" und „organizational capacity") sowie nach dem regionalen Profil und der regionalen Identität. Diese erscheinen mindestens genauso relevant – wenn nicht sogar entscheidender – für einen erfolgreichen Anpassungs- und Entwicklungsprozess von Regionen. Damit stellt sich die Frage: Ist man vor Ort in der Lage, den Veränderungsprozessen adäquat zu begegnen, die regional- und entwicklungspolitischen Anreize und Impulse aufzugreifen und in strategisch orientierte eigenverantwortliche Entwicklungsprozesse zu übersetzen?

Die folgenden Auflistungen konkretisieren diese spezifischen Problemlagen und die besonderen entwicklungspolitischen Handlungserfordernisse in strukturschwachen Regionen.

Regionales Profil (Innen- und Außenwirkung)
- Begrenztes regionales Profil und Image („Verlierer-Region");
- Eingeschränkte regionale Identität, begrenztes regionales Bewusstsein mit Auswirkungen auf das regionale Aktivierungspotenzial und das bürgerschaftliche Engagement;
- Fehlende (oder unterausgestattete) Einrichtungen für professionelles Regionalmarketing und -management.

Regionale Strategie- und Handlungsfähigkeit
- Eingeschränkte Strategie-, Regulierungs- und Handlungsfähigkeit (Ressourcen, Kompetenzen, Erfahrungen);
- Es fehlt an leistungsfähigen regionalen Arbeits- und Organisationsstrukturen (Verwaltung, Regionalmanagement);
- Geringes gesellschaftliches Aktivierungspotenzial (geringe Akteursvielfalt);
- eingeschränkte Kooperations- und Kommunikationskultur (interkommunale Kooperation, Netzwerke, Stadt-Land-Partnerschaften);
- Begrenzte Reformfähigkeit und -bereitschaft (Mut, Offenheit und Flexibilität für Veränderungen);
- Schwächer ausgeprägtes zivilgesellschaftliches Potenzial (eingeschränkte Akteursvielfalt);
- Es fehlt an „Kümmerern", Promotoren (Meinungsführer, Persönlichkeiten).

Fazit

Die strukturschwachen, ländlichen Regionen sind mit mehrdimensionalen Schwächungs- bzw. Schrumpfungsprozessen konfrontiert, die alle wesentlichen Wirtschafts- und Lebensbereiche umfassen. Aus diesen zirkulär-kumulativen Schrumpfungsprozessen resultiert ein besonderer entwicklungspolitischer Handlungsbedarf.

Mit diesem Handlungsbedarf werden sowohl die betroffenen Akteure auf der regionalen Ebene, als auch die Rahmen setzenden Institutionen auf den verschiedenen politischen Ebenen (Land, Bund, EU) konfrontiert.

Die Akteure vor Ort stehen vor der Aufgabe, im Rahmen einer eigenverantwortlich betriebenen Entwicklungspolitik ihre regionale Strategie- und Handlungsfähigkeit sowie ihre Wettbewerbs- und Innovationsfähigkeit sowohl nach innen als auch nach außen zu sichern oder wieder herzustellen. Sie haben damit die Verantwortung, sich als eine nachhaltige und resiliente Region zu positionieren (siehe Nischwitz/ Mose 2009; Lukesch et al. 2010). Dies bezieht auch die neuen Herausforderungen ein, wie die Sicherung der Energieversorgung und Anpassung an den Klimawandel, aber auch den Schutz der Biodiversität und der Kulturlandschaft.

Dabei sind die strukturschwachen, ländlichen Regionen auf eine politisch-rechtliche Rahmensetzung angewiesen, die die Heterogenität der Ausgangslagen und Entwicklungspfade sowie veränderte Unterstützungsbedarfe (z.B. im Bereich der regionalen Strategiefähigkeit), berücksichtigt.

Dies erfordert eine Neubestimmung der horizontalen und vertikalen Koordination und Kohärenz der politisch-rechtlichen Regelungsstrukturen und Rahmensetzungen im politischen Mehrebenensystem (EU, Bund, Länder/Niedersachsen, Regionen).

3. Politische Rahmensetzung – regionale/ländliche Entwicklungspolitik als Querschnittsaufgabe im politischen Mehrebenensystem

Im politischen Mehrebenensystem existiert ein breites Spektrum an raumrelevanten und -wirksamen Fachpolitiken, um Entwicklungsaktivitäten auf der regionalen Ebene und in ländlichen Räumen zu initiieren und zu unterstützen. Hierzu gehören folgende zentrale Politikbereiche:
- Regionale Wirtschafts- und Strukturpolitik
- Agrarpolitik / Politik für die Entwicklung ländlicher Räume
- Bildungs- und Forschungspolitik
- Arbeitsmarkt- und Sozialpolitik
- Umweltpolitik
- Raumordnungs- und Landesentwicklungspolitik.

Hinzu kommen noch in Deutschland Finanzierungsprogramme und -instrumente der KfW-Bank, u.a. zur Förderung der kommunalen Infrastruktur und von Investitionen der KMU.

Die differenzierte vertikale und horizontale Einbettung der Fachpolitiken zieht eine fast unübersichtliche Vielfalt an spezifischen Leitbildern, Zielsetzungen und Strategien sowie an Programmen, Instrumenten und Maßnahmen nach sich. Dabei gibt es zwischen EU, Bund und Ländern in Abhängigkeit vom jeweiligen Politikbereich deutliche Unterscheidungen, was die politisch-rechtliche Regelungskompetenz und die zur Verfügung gestellte Finanzausstattung betrifft. Von daher mag es nicht verwundern, dass es an einem kohärenten und strategisch ausgerichteten Rahmen für eine regionale und ländliche Entwicklungspolitik sowie an abgestimmten Programmen und Maßnahmen für strukturschwache Räume mangelt.

Generell lässt sich konstatieren: Die verschiedenen Politikfelder unterliegen auf allen Ebenen seit einigen Jahren einer kritischen Überprüfung und Neuorientierung. Begleitet von einem Wandel im staatlichen Steuerungsverständnis und Handeln werden in zentralen raumwirksamen Fachpolitiken Wachstum- und Wettbewerbsziele im Verhältnis zu den lange Zeit vorherrschenden Ausgleichszielen und dem Gleichwertigkeitsprinzip zunehmend neu justiert und aufgewertet. Am deutlichsten ist dies in der regionalen Wirtschafts- und Strukturpolitik zu beobachten. Andere Politikfelder, wie die Raumordnung, ziehen nach und bauen verstärkt Wachstums- und Wettbewerbselemente in ihre Leitbilder und Handlungsstrategien ein.

Neben dieser Neuausrichtung einzelner Politikfelder stellt sich die Frage nach einer Koordination oder sogar nach einem integrativen Ansatz, die eine eigenständige Perspektive auf strukturschwache, ländliche Regionen beinhaltet.

Auf Bundes- und auf niedersächsischer Landesebene hat es in den vergangenen Jahren Initiativen gegeben, die ressortspezifischen Politik- und Handlungsansätze für die ländlichen Räume zu koordinieren. Hierzu wurde jeweils eine interministerielle Arbeitsgruppe gegründet. In Niedersachsen ist der Interministerielle Arbeitskreis (IMAK) Anfang 2008 aufgelöst worden, ohne erkennbare Erfolge oder Fortschritte bei der Abstimmung der wesentlichen Politikfelder vorweisen zu können. Die Schwierigkeiten lagen in erster Linie in den unterschiedlichen Förderphilosophien der federführenden Ressorts und Fachpolitiken (Ministerium für Landesentwicklung vs. Wirtschaftsressort), dem Festhalten am Konsensprinzip und an ressortspezifischen Entscheidungsprozessen sowie in der fehlenden Priorisierung bei der Ressourcenbereitstellung (vgl. ARL 2009). Auf der Bundesebene ist die interministerielle Arbeitsgruppe (IMAG) „Ländliche Räume" bislang nicht über eine Zusammenstellung sektorspezifischer Politikansätze (Handlungskonzept 2009) einer ländlichen Entwicklungspolitik hinausgekommen.[1]

So fehlt weiterhin eine kohärente, strategische Vision für eine nachhaltige und integrierte Entwicklungspolitik für ländliche Räume, wie sie die OECD in ihrem Prüfbericht für Deutschland eingefordert hat (OECD 2007).

4. Regionale Entwicklungspolitik in Niedersachsen

Niedersachsen kann auf eine lange Tradition in der Förderung einer querschnittsorientierten, integrierten Regionalentwicklung zurückblicken. Zusammen mit Nordrhein-Westfalen war es eines der ersten Bundesländer, das mit Beginn der neunziger Jahre eine Regionalisierung seiner Struktur- und Raumordnungspolitik einleitete und in einem ressortübergreifenden Handlungskonzept mit anderen Politikbereichen (u.a. Landesentwicklungspolitik) bündelte (vgl. ARL 2009). Als wesentliche Elemente sind hier kreisgrenzenüberschreitende Kooperationen wie die Strukturkonferenzen (z.B. Ost-Friesland, Osnabrück) oder die RIS-Netzwerke (Weser Ems, Lüneburg) zu nennen. Dabei wurden EU-Fördermittel genauso genutzt, wie die Mitte der neunziger Jahre neu eingeführten Instrumente der Gemeinschaftsaufgabe „Verbesserung der regionalen Wirtschaftsstruktur"(GRW) zur Förderung von regionalen Entwicklungskonzepten und Regionalmanagements.[2]

4.1 Regionale Wirtschafts- und Strukturpolitik in Niedersachsen

Die Regionale Wirtschafts- und Strukturpolitik des Landes Niedersachsens basiert im Wesentlichen auf der inhaltlichen und finanziellen Rahmensetzung der europäischen Strukturpolitik. Seit der grundlegenden Reform der EU-Strukturpolitik Ende der 1980er Jahre profitiert Niedersachsen von dem förderpolitischen Instrumentarium. In Abhängigkeit von den Veränderungen der europäischen Fördergebietskulisse[3] und dem regionsspezifischen Entwicklungsstand in Niedersachsen variierte der Flächenumfang der beihilfefähigen Gebiete und die finanziellen Ausstattung der Strukturfonds (EFRE, ESF).

Flankiert und ergänzt wird die niedersächsische Strukturpolitik durch die Bund-Länder-Gemeinschaftsaufgabe GRW sowie durch Landesmittel. Diese unterliegen allerdings dem eher restriktiv wirkenden europäischen Beihilfe- und Wettbewerbsrecht.

In der aktuellen Programmplanungsperiode (2007 bis 2013) erhält Niedersachsen aus den EU-Strukturmittel knapp 2,7 Mrd. Euro. Innerhalb von Norddeutschland kann Niedersachsen knapp zwei Drittel aller Strukturfondsmittel für sich binden (vgl. Tab. 1). Auf den „Europäischen Fonds für regionale Entwicklung" (EFRE) entfallen Fördermittel in Höhe von rd. 1,23 Mrd. Euro. Hinzu kommen im gleichen Zeitraum rd. 400 Mio. Euro an GRW-Mitteln.

Tab. 1: Verteilung der EU-Strukturmittel (2007 -2013) in den norddeutschen Bundesländern nach Fonds

	EU-Strukturfonds		EU-Fonds Ländl. Raum & Fischwirtschaft		EU-Fonds Mittel
	EFRE & ESF	dav. EFRE	ELER	EFF	gesamt
	in EUR				
Niedersachsen	1.674	*1.227*	965	25	2.664
Schleswig Holstein	474	*374*	302	16	792
Bremen	231	*142*	10	11	252
Hamburg	126	*35*	27	1	154
Norddeutschland gesamt	2.505	*1.778*	1.304	53	3.862
Deutschland	25.488	*17.897*	9.080	156	34.724
Anteil Norddeutschl. in %	9,8	*9,9*	14,4	34,0	11,1

Quellen: eigene Zusammenstellung nach den Operationellen Programmen der norddeutschen Bundesländer

EU Strukturfonds – EFRE

Mit Beginn der laufenden Programmplanungsperiode hat die EU ihre Strukturpolitik thematisch, räumlich und finanziell neu ausgerichtet. Neben der Verfolgung des traditionellen Ausgleichsziels („wirtschaftlicher, sozialer und territorialer Zusammenhalt") soll nun die EU-Strukturpolitik maßgeblich zur Umsetzung der überarbeiteten Lissabonstrategie mit ihren Wachstums-, Wettbewerbs- und Beschäftigungszielen beitragen.

Für die Operationalisierung der strategischen Vorgaben der EU in die niedersächsischen Programme ist, neben der Aufwertung von Wachstumszielen, vor allem die neue flächendeckende Gültigkeit der europäischen Strukturpolitik von Relevanz. Auch in Niedersachsen können im Gegensatz zur bisherigen Begrenzung auf strukturschwache Fördergebiete zum ersten Mal auch strukturstärkere Städte und Regionen von den EU-Strukturfonds profitieren. Sie fallen unter das neue Ziel „Regionale Wettbewerbsfähigkeit und Beschäftigung" (RWB), das die ehemaligen Ziele 2 und 3 verknüpft. Von besonderer Bedeutung ist die Einordnung der Region Lüneburg (ehemaliger Regierungsbezirk)[4] in das neue Konvergenzziel („Regionen mit dem größten Entwicklungsrückstand"). Als einzige sog. „Phasing-out-Region" in den alten Bundesländern erhält sie im Rahmen einer Übergangsunterstützung deutlich mehr Strukturfondsmittel als die RWB-Regionen.

Angesichts der verstärkten Wachstums- und Wettbewerbsorientierung der EU-Strukturpolitik gab es auch in Niedersachsen Befürchtungen, dass dies zulasten der ländlichen und strukturschwachen Regionen gehen würde. Diesen Befürchtungen trug das federführende Wirtschaftsressort insoweit Rechnung, indem es in den zu erstellenden Operationellen Programmen (OP) einen vergleichsweise breit angelegten Ziel- und Programmkatalog formulierte.

Nach ungefähr der Hälfte der Programmlaufzeit lässt sich anhand der Mittelansätze im OP und der bisherigen Erkenntnisse aus der Umsetzung Folgendes festhalten:[5]

- In Niedersachsen ist bislang noch keine finanzielle „Benachteiligung" von strukturschwachen und ländlichen Regionen zu erkennen (Basis ist eine Betrachtung von GRW-Förderregionen).
- Es dominieren die eher klassischen strukturpolitischen Maßnahmen wie „Einzelbetriebliche Förderung, „Förderung wirtschaftsnaher Infrastruktur" und „Förderung des Tourismus", die mehr den ländlichen und/oder strukturschwächeren Regionen zugute kommen.
- Bei der Akquirierung von Mitteln aus den Bereichen Forschung, Technologie und Innovation ist allerdings ein deutliches Übergewicht der großen Zentren zu beobachten.

Guido Nischwitz

Gemeinschaftsaufgabe GRW

Die Möglichkeiten mit Hilfe der nationalen GRW eine eigenständige Entwicklungspolitik zugunsten von strukturschwachen und ländlichen Räumen zu betreiben, ist nach dem europäischen Beihilferecht nur sehr begrenzt möglich. Neue Ansatzpunkte bietet das im Herbst 2008 in die GWR verankerte Maßnahmenpaket zur Entwicklung strukturschwacher ländlicher Räume.[6] Niedersachsen hat diese Ansatzpunkte zwar aufgegriffen, verweist aber auch mit seiner eingeleiteten Neuausrichtung der GRW ab Anfang 2011 auf die eingeschränkten Potenziale der GRW: Die Mittelausstattung sinkt, die Fördergebietskulisse bleibt eingeschränkt (siehe Karte 3) und die hohe Verschränkung mit dem EFRE als Ko-Finanzierungsinstrument bindet viele Mittel. So wird sich Niedersachsen mit der GRW in den nächsten Jahren auf eine einzelbetriebliche Förderung im Bereich innovativer Unternehmen sowie auf die Förderung von Infrastruktur- und Tourismusprojekten konzentrieren.

Landesansatz – Regionale Wachstumskonzepte

Bei der Förderung von regionalen Kooperationen und Initiativen – mit Blick auf die Stärkung der regionalen Wirtschaftsstruktur – setzt Niedersachsen seit 2005 auf Regionale Wachstumskonzepte, -kooperationen und -projekte . Mit dem Aufkommen des „clusterorientierten Entwicklungsansatzes" wurde die niedersächsische Wirtschaftsstrukturpolitik neu ausgerichtet. Seitdem werden auf der Grundlage des „Eckwertepapiers – Regionale Strukturpolitik für Wachstum und Arbeitsplätze" (MW 2008) Strukturmittel (GRW, EFRE) nur noch an interkommunale Kooperationen vergeben, die regionale Wachstumskonzepte im Rahmen von Public Privat Partnerships (PPP) erarbeiten und umsetzen. Mittlerweile haben sich sieben regionale Wachstumskonzepte bzw. -kooperationen etabliert.[7] Sie decken dabei sowohl strukturschwache und -starke, als auch ländliche und verdichtete Region ab.

Perspektive

Im November 2010 hat die EU-Kommission (2010b) den 5. Kohäsionsbericht vorgestellt. Zusammen mit der im Juni 2010 verabschiedeten Europa-2020-Strategie lassen sich hieraus erste Erkenntnisse zur geplanten Ausrichtung der EU-Strukturpolitik ab 2014 herleiten (EU-Kommission 2010a). So wird die EU ihre Strukturpolitik konsequent auf das Wachstumsmodell ihrer 2020-Strategie mit den drei Prioritäten „intelligentes, integratives und nachhaltiges Wachstum" ausrichten. Darüber hinaus sollen die EU-Mittel in den Ländern und Regionen nur auf wenige Herausforderungen thematisch konzentriert sowie städtische Entwicklungsmaßnahmen aufgewertet werden.

Angesichts der absehbaren Veränderung der europäischen Rahmensetzungen stellt sich die Frage, ob Niedersachsen in Zukunft seine austarierte Politik zwischen Ausgleichs- und Wachstumszielen weiter verfolgen kann und/oder will.

Karte 3: Fördergebiete der Gemeinschaftsaufgabe (GRW) „Verbesserung der regionalen Wirtschaftsstruktur" 2007 bis 2013

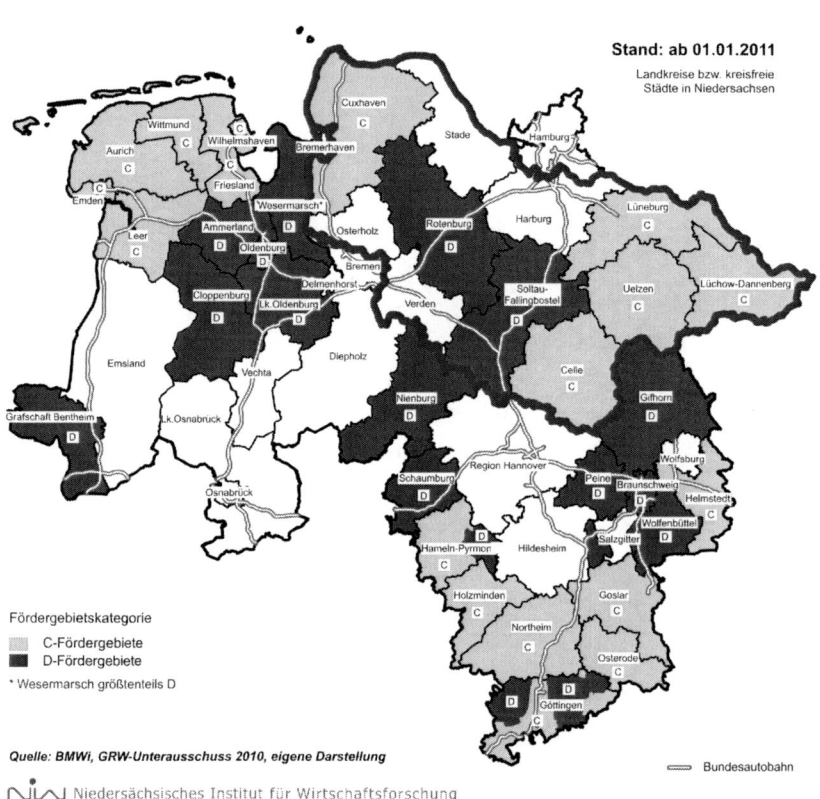

Quelle: BMWi, GRW-Unterausschuss 2010, eigene Darstellung

Niedersächsisches Institut für Wirtschaftsforschung

Guido Nischwitz

Fazit

Dem Land Niedersachsen ist es im Rahmen seiner regionalen Wirtschafts- und Strukturpolitik bislang gelungen, Ausgleichs- und Wachstumsziele gleichermaßen zu verfolgen. Mit Blick auf das eingesetzte Fördervolumen und die umgesetzten Maßnahmen lässt sich bis dato keine Benachteiligung strukturschwacher ländlicher Regionen erkennen. Angesichts der zunehmenden Abhängigkeit von der Rahmensetzung der EU-Strukturpolitik, wird viel von ihrer zukünftigen strategischen Ausrichtung abhängen.

Deutlich wird aber auch, dass es im Gegensatz zu den neunziger Jahren, an einer strategisch und konzeptionell unterfütterten Verzahnung mit benachbarten, raumwirksamen Politikbereichen und Kooperationsräumen fehlt. Stattdessen ist ein eher konkurrierendes Nebeneinander mit der Landesentwicklungspolitik und der ländlichen Entwicklungspolitik zu beobachten.

4.2 Ländliche Entwicklungspolitik

Die Entfaltung einer eigenständigen Politik für die ländlichen Räume ist in Europa erst seit einem Jahrzehnt zu beobachten. Der formulierte Anspruch an die ländliche Entwicklungspolitik ist hoch: Sie soll eine horizontale und vertikale Querschnittsaufgabe im politischen Mehrebenensystem ausüben sowie einem integrierten und nachhaltigen Entwicklungsansatz folgen. In erster Linie fühlen sich allerdings die Agrarressorts auf den unterschiedlichen politischen Ebenen als legitime Anwälte der ländlichen Räume. Von daher ist dieser junge Politikbereich noch stark in der sektoral orientierten Agrarpolitik verankert.

Die Politik für die ländlichen Räume stützt sich in Niedersachsen vorrangig auf die inhaltliche und finanzielle Rahmensetzung der EU. Parallel zur regionalen Wirtschafts- und Strukturpolitik gibt es auch hier eine Bund-Länder-Gemeinschaftsaufgabe („Förderung der Agrarstruktur und des Küstenschutzes", GAK), die den EU-Rahmen flankiert.

ELER

In der aktuellen Programmplanungsperiode (2007-2013) erhält Niedersachsen aus der sog. „zweiten Säule" der Gemeinsamen Agrarpolitik (GAP) dem „Europäischen

Landwirtschaftsfonds für die Entwicklung des ländlichen Raumes" (ELER) Fördermittel in einer Höhe von rd. 965 Mio. Euro.[8] Hinzu kommen im gleichen Zeitraum rd. 692 Mio. Euro an GAK-Mitteln.

Die EU-Kommission ist zu Beginn der aktuellen Programmplanungsperiode mit dem Ziel angetreten, die Entwicklung ländlicher Räume – in Anlehnung an die Strukturpolitik – in einen einheitlichen Strategie-, Finanzierungs- und Programmplanungsrahmen einzubetten.[9] Hierfür hat sie verschiedene Ansätze (EAGFL, LEADER),[10] die bis 2006 in der EU-Strukturpolitik oder in der Gemeinsamen Agrarpolitik verankert waren, unter der Federführung der GAP verknüpft. In Folge der Neuausrichtung der gemeinsamen Landwirtschaftspolitik nach dem Gesundheitscheck („health check") und des europäischen Konjunkturprogramms wurden seit 2009 weitere Herausforderungen (u.a. erneuerbare Energien, Klimawandel, Wasserwirtschaft) in die strategischen Leitlinien und die einzelnen Programme aufgenommen.

ELER und seine Operationalisierung im niedersächsischen Entwicklungsprogramm PROFIL[11] weisen vier Schwerpunkte und Zielkomplexe auf.[12] Sie verknüpfen dabei primär sektorale Komponenten (einzelbetriebliche Förderung / Umstrukturierung der Landwirtschaft, Agrarumwelt- und Naturschutzmaßnahmen) mit einem gebietsbezogenen Ansatz (sozioökonomische Entwicklung ländlicher Gebiete, Schutzgebiete) sowie mit einem integrierten regionalen Entwicklungsansatz (lokal-regionale Entwicklungsstrategien, Leader).

Zwischen den Bundesländern lassen bezüglich der Schwerpunktsetzung in ihren ländlichen Entwicklungsprogrammen deutliche Unterschiede aufzeigen. So setzt Niedersachsen in seinem ländlichen Entwicklungsprogramm auf sektorale, agrarbezogene Maßnahmen, die vorrangig den landwirtschaftlichen Betrieben zugute kommen. Der Anteil der Finanzmittel, die für den ersten Schwerpunkt „Wettbewerbsfähigkeit der Land- und Forstwirtschaft" vorgesehen sind, liegt bezogen auf die EU-Fördermittel bei 40 Prozent. Bezieht man alle öffentlichen Ausgaben im PROFIL ein (insgesamt 2,33 Mrd. Euro inklusive Landes- und Bundesmittel), ergibt sich sogar ein Anteil von über 53 Prozent In Bayern steht hingegen der zweite Schwerpunkt (Umweltschutz und Landschaftspflege) mit knapp 59 Prozent im Mittelpunkt des Landesprogramms. Im benachbarten Mecklenburg-Vorpommern werden über 40 Prozent aller Fördermittel für die „Diversifizierung der ländlichen Wirtschaft" (Schwerpunkt 3) vorgesehen (BLE / DVS 2009).

Insgesamt betrachtet sind die Maßnahmen (Schwerpunkt 3 und Leader), die einen regionalen, integrierten und nachhaltigen Entwicklungsansatz insbesondere für strukturschwache ländliche Räume beinhalten, in Niedersachsen mit einem Gesamtanteil von 22,3 Prozent finanziell vergleichsweise unterrepräsentiert.[13]

Leader- Ansatz

Die EU bezweckt mit der Übernahme des Leader-Ansatzes in die Regelförderung („Mainstreaming"), die Unterstützung einer eigenständigen und nachhaltigen Entwicklung ländlicher Regionen auf eine breitere Basis zu stellen.[14]

In Niedersachsen wurden 2007 im Rahmen eines Wettbewerbs 32 Regionen für die Leader-Förderung ausgewählt (siehe Karte 4). Sie werden bis 2013/2014 zur Umsetzung ihrer Regionalen Entwicklungskonzepte mit jeweils zwei Mio. Euro gefördert. Damit hat sich die Anzahl der Förderregionen gegenüber der vorherigen Programmplanungsperiode (2000-2006) fast verdoppelt. Die Stärke von Leader liegt dabei weniger in einer wirtschaftlichen Wachstums- und Wettbewerbsorientierung, sondern in der Mobilisierung endogener Entwicklungspotenziale sowie der Förderung einer regionalen Strategie- und Handlungsfähigkeit.

Allerdings mehren sich auch in Niedersachsen die Stimmen, die neben der geringen Mittelausstattung vor allem den hohen bürokratischen Aufwand und die Anbindung an bestehende sektororientierte Förderprogramme bemängeln. Hierdurch haben die besonderen Merkmale des bisherigen Leader-Ansatzes deutlich an Kontur verloren, wie beispielsweise die Umsetzung von kreativen und innovativen Ideen und Projekten, die in kein bestehendes Förderraster passen. Der vielfach beschworene Anspruch an die Integrationsleistung von Leader stößt schnell an seine Grenzen.

Gemeinschaftsaufgabe GAK

Mit der Gemeinschaftsaufgabe GAK steht Niedersachsen noch ein zusätzliches Instrument zur Verfügung, ländliche Entwicklungspolitik in Abstimmung mit dem ELER zu betreiben. Im Rahmenplan der GAK sind im Jahr 2010 noch einmal die Konditionen im Förderbereich „Verbesserung der ländlichen Strukturen" verbessert worden.[15] Gefördert werden u.a. integrierte ländliche Entwicklungskonzepte, Regionalmanagement, Strukturmaßnahmen (ILE-A) und die Breitbandversorgung (ILE-B). Mit 46 Mio.

Guido Nischwitz

Karte 4

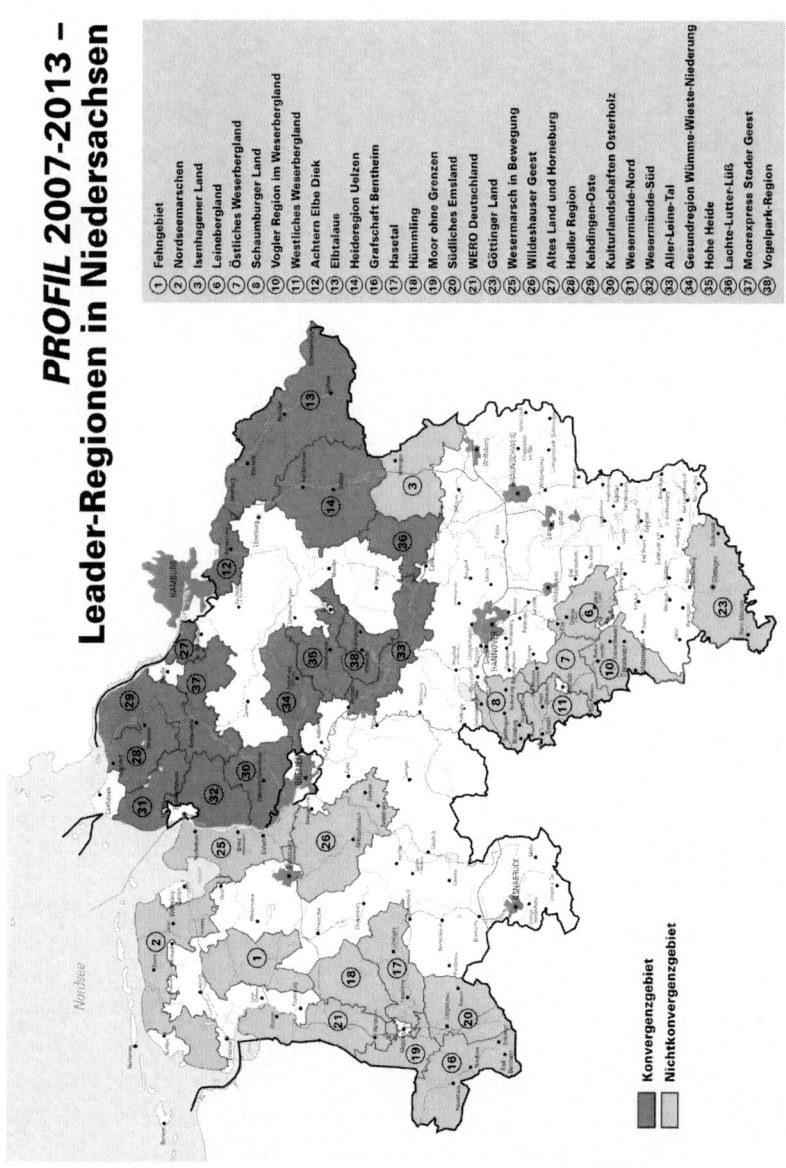

Euro wurden 2010 knapp 29 Prozent aller Mittel (159 Mio. Euro in 2010) für ILE und wasserwirtschaftliche Maßnahmen verausgabt. Ein Teil der Mittel fließt in die Konzeptentwicklung und -umsetzung sowie in das Regionalmanagement von 24 ILE-Regionen (siehe Karte 5). Legt man die Leader- und ILE-Karte übereinander, so lassen sich für Niedersachsen fast flächendeckend regionale Entwicklungsprozesse und Managementstrukturen für die ländlichen Räume erkennen.

Perspektive
Die EU-Kommission (2010c) hat Mitte November 2010 ihre Vorstellungen für die kommende Ausrichtung der GAP ab 2014 veröffentlicht. Sie folgt dabei dem Votum aller Agrarressorts, die zweite Säule innerhalb der GAP zu erhalten. Folgende Ziele stehen mit Blick auf die EU-2020-Strategie im Vordergrund:
- Ziel 1: Rentable Nahrungsmittelerzeugung
- Ziel 2: Nachhaltige Bewirtschaftung der natürlichen Ressourcen und Klimamaßnahmen
- Ziel 3: Ausgewogene räumliche Entwicklung.

Die zweite Säule und somit die Politik zur Entwicklung des ländlichen Raums soll ihren Schwerpunkt verstärkt auf Wettbewerbsfähigkeit und Innovation, Klimawandel und Umwelt legen. Insgesamt betrachtet zeichnet sich zum aktuellen Zeitpunkt allerdings kaum eine tiefgreifende Veränderung u.a. im Sinne einer Emanzipation der ländlichen Entwicklungspolitik von der Agrarpolitik ab.

Von besonderem Interesse ist der Vorschlag, die Kohärenz zwischen den EU-Politiken durch einen gemeinsamen strategischen Rahmen der verschiedenen europäischen Fonds (EFRE, ESF, ELER, EFF) zu gewährleisten.

Fazit
Insbesondere in Niedersachsen macht sich die hohe „Agrarlastigkeit" der zweiten Säule und der ländlichen Entwicklungspolitik bemerkbar. Die Landesregierung setzt ihren Schwerpunkt auf den landwirtschaftlichen Bereich, der vorrangig durch einzelbetriebliche Maßnahmen gefördert wird. Die Belange von strukturschwachen und ländlichen Regionen werden hierdurch nur sehr eingeschränkt berücksichtigt. Die „überschaubare" Mittelausstattung und die begrenzte Komplementarität und

Karte 5: ILE - Regionen in Niedersachsen

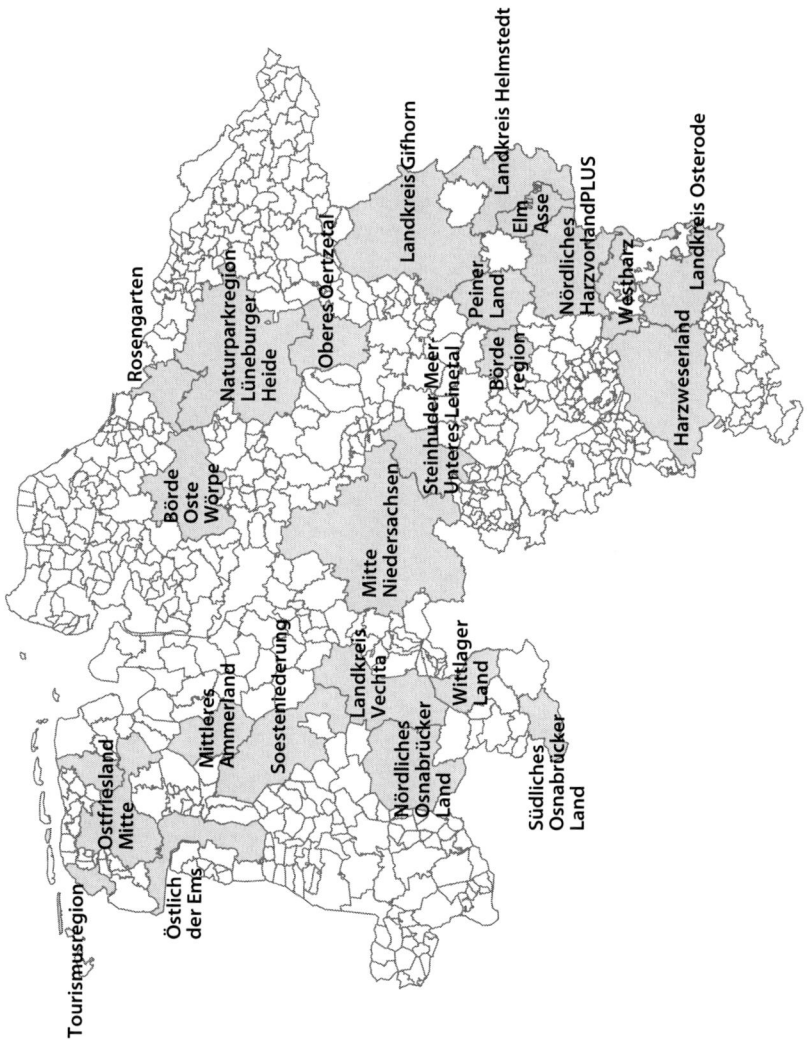

Kohärenz mit benachbarten Politikbereichen und ihren Entwicklungsansätzen erschweren zusätzlich eine wirksame Umsetzung.

5. Anforderungen an eine Neuausrichtung der regionalen/ländlichen Entwicklungspolitik und ein Ausblick

Eine generelle Neuausrichtung des politisch-rechtlichen Rahmens für eine regionale/ländliche Entwicklungspolitik erscheint im Mehrebenensystem erforderlich. Die Forderungen nach einem grundlegenden Politikwechsel sind allerdings nicht neu. Ganz im Gegenteil, sie werden seit mehr als 20 Jahren intensiv diskutiert. Der Einfluss eines Bundeslandes wie Niedersachsen sollte in einem solchen Reformprozess nicht unterschätzt werden. Niedersachsen kann auf vielfältige Erfahrungen mit regionalen Kooperationen, der Durchführung von Modellvorhaben[16] sowie mit der Regionalisierung und Koordination raumwirksamer Politikfelder zurückgreifen. Was fehlt ist die Zusammenführung und kritische Aufbereitung der vorliegenden Erfahrungen und Erkenntnisse. Der gescheiterte Versuch einer Koordination ländlicher Entwicklungspolitik im Rahmen des Interministeriellen Arbeitskreises (IMAK) in Niedersachsen bietet hierfür sicherlich genügend Ansatzpunkte (vgl. Kap. 4.1).

5.1 Vision

Eine tief greifende Reform der regionalen Entwicklungspolitik, die den skizzierten Herausforderungen Rechnung trägt, sollte an folgenden Punkten ansetzen (vgl. Nischwitz/ Mose 2009):

Einbettung einer regionalen/ländlichen Entwicklungspolitik in einen konsistenten strategischen und programmatischen Rahmen
Eine strategische Ausrichtung der regionalen Entwicklungspolitik im politischen Mehrebenensystem ist die Voraussetzung für eine grundlegende Neuausrichtung der regionalen Entwicklungspolitik:
- Verständigung auf ein neues Regulierungs- und Steuerungsverständnis des „Ermöglichens" und „In-die-Lage-Versetzens", um eine angepasste und eigenständige regionale Entwicklung zu betreiben;

- Inhaltliche Neuausrichtung: u.a. Präzisierung und Neuinterpretation des Gleichwertigkeitsprinzips; Offenheit für eine differenzierte Ausrichtung und Unterstützung regionaler Entwicklungspfade;
- Realistische Politikintegration: eine behutsame Umsetzung von Maßnahmen zur Einlösung des komplexen Integrationsanspruchs.

Reform und Weiterentwicklung eines eigenen Instrumentenkastens
Gefordert ist eine grundlegende Überarbeitung der Instrumente. Es gilt regions- und problemspezifisch flexibel „Top-down-Instrumente" mit „Bottom-up-Ansätzen" zu verknüpfen. Dies beinhaltet sowohl eine grundsätzliche Reformierung der „alten" Gemeinschaftsaufgaben als auch die Schaffung neuer Schwerpunkt- oder Strukturprogramme zugunsten strukturschwacher ländlicher Regionen.

**Stärkung der regionalen Handlungsebene –
Regionale Strategie- und Handlungsfähigkeit**
Insbesondere strukturschwache Regionen benötigen einen begleitenden entwicklungspolitischen Rahmen, der initiierend, aktivierend und unterstützend wirkt:
- Angebote zur Qualifizierung, Kompetenzentwicklung und Beratung;
- Förderung und Unterstützung beim Aufbau neuer institutioneller und organisatorischer Strukturen;
- Stärkung der regionalen Finanzsituation;
- Unterstützung neuer Finanzierungsmodelle.

**Kopplung von staatlichen Unterstützungsleistungen an
inhaltliche und organisatorische Qualitätsanforderungen**
Die öffentliche Hand muss durch Anreize sowie durch inhaltliche und organisatorische Anforderungen eine belastbare Qualität der regionalen Entwicklungsprozesse und Projekte sicherstellen. Dies geschieht u.a. durch eine Definition von Zielvorgaben, Erfolgskriterien und Handlungskorridoren (Leitplanken).

**Gewährleistung von Chancengleichheit im regionalen Wettbewerb
um öffentliche Unterstützungsleistungen / Fördermittel**
Auch strukturschwache ländliche Regionen haben sich einem Wettbewerb um in-

novative Ideen und Konzepte zu stellen. Die Programme müssen dabei den differenzierten Ausgangslagen, Erfahrungen und Know-How der Regionen Rechnung tragen.

Ausblick

Aus der gegenwärtigen Debatte um die Weiterentwicklung der europäischen Struktur- und Agrarpolitik sowie aus den Positionierungen von Bund und Ländern (inklusive Niedersachsen) erscheint ein Politikwechsel zugunsten eines angepassten Entwicklungsansatzes für ländliche und strukturschwache Räume eher unrealistisch. Gleichzeitig fehlt es am erforderlichen gesellschaftspolitischen Druck, um den Forderungen nach notwendigen Veränderungsprozessen Nachdruck zu verleihen.

Angesichts der deutlich absehbaren Verringerung des finanziellen Unterstützungsniveaus, den wachsenden Herausforderungen und zunehmenden räumlichen Disparitäten wird über kurz oder lang der Reformbedarf auch in Niedersachsen stetig steigen. Es stellt sich nur die Frage, wann und wie Niedersachsen sich diesem unausweichlichen Anpassungsdruck aktiv stellt.

Anmerkungen

1 Im September 2010 hat die Bundesregierung einen Aktionsplan zur Entwicklung ländlicher Räume angekündigt, der die künftige Arbeit des IMAG bündeln soll. BLG 2010, S. 19: http://www.blg-berlin.de/RZ-BLG-2010.pdf
2 ab dem 24. Rahmenplan der GRW (Dt. Bundestag 1995).
3 Programmplanungsperioden 1989 – 1999: Ziel 2 und 5b: 2000-2006: Ziel 2; 2007-2013: RWB und Konvergenz (Phasing-out-Region Lüneburg)
4 Region der NUTS2-Ebene.
5 Nischwitz/Skubowius (2011) auf der Grundlage von Berechnungen und Auswertungen des NIW (2010).
6 Siehe hierzu den Koordinationsrahmen GRW (Dt. Bundestag 2009) und BMWi (2009) S. 16ff. die folgende Maßnahmen enthalten: Erweiterung der D-Fördergebiete (u.a. LK Rotenburg/W.; Gifhorn); Einführung eines Regionalbudgets und einer Experimentierklausel, Erhöhung des Förderbonus bei interkommunalen Infrastrukturinvestitionen, und Förderung des Breitbandausbaus.

7   Dies sind: Süderelbe AG; Wirtschaftskooperation Emsachse; Projekt Region Braunschweig GmbH; Südniedersachsen Stiftung; Hannover Impuls; Weserbergland AG; Hansalinie.
8   Die ELER-Mittel wurden 2009 seitens der EU u.a auch für Niedersachsen infolge der Neuausrichtung der Agrarpolitik und weiterer Maßnahmen um rd. 139 auf 965 Mio. € aufgestockt. Hinzu kommen weitere zehn Mio. €(= 975 Mio. €), die auf das Land Bremen im Rahmen des Programms PROFIL entfallen.
9   EU-Kommission: Strategien Leitlinien (2009) Förderfonds ELER (2009); Niedersachsen: Ländliches Entwicklungsprogramm: PROFIL für Niedersachsen und Bremen (2009).
10 Der „Europäische Ausgleichs- und Garantiefonds für die Landwirtschaft" Ausrichtung (EAGFL-A) und –Garantie (EAGFL-G) (2000 – 2006) und die Gemeinschaftsinitiative LEADER (1989 bis 2006).
11 Das Programm bezieht sich auch auf das Land Bremen: PROFIL – Programm zur Förderung im ländlichen Raum. Niedersachsen und Bremen 2007 bis 2013.
12 1. „Wettbewerbsfähigkeit der Land- und Forstwirtschaft"; 2. „Umweltschutz und Landschaftspflege"; 3. „Diversifizierung der ländlichen Wirtschaft" 4. „Leader".
13 Schwerpunkt 3: 21 % (18,6) und der Leader-Schwerpunkt 4 mit rd. 7 % (4,3 %) der ELER-Mittel (in Klammer Anteil an allen öffentlichen Ausgaben).
14 Der Leader-Ansatz („Liaison entre actions de développement rural) für eine nachhaltige und integrierte regionale/ländliche Entwicklung wurde in der EU zwischen 1991 und 2006 durch die Gemeinschaftsinitiativen LEADER, LEADER II und LEADER+ erprobt und umgesetzt. Ab 2007 wurde der Ansatz in die Regelförderung übernommen.
15 BMELV (2010): GAK Rahmenplan 2010 – 2013.
16 Z.B. Modellvorhaben des IMAK: Entwicklungspartnerschaften Land-Region in ländlich strukturierten Regionen mit besonderem Handlungsbedarf: Nordostniedersachsen und Südniedersachsen (2004 – 2008). Modellvorhaben „Initiative Zukunft Harz" (2010-2012): Erarbeitung und Umsetzung einer Strategie zur Regionalentwicklung.

Literatur

ARL (Hrsg.): Regionalisierung und Regionsbildung im Norden. Arbeitsmaterial, Band 347. Hannover. Bearbeitet von: E. Bernat, C. Diller; K. Frank, S. Löb, K. Mensing, G. Nischwitz.
BLE / DVS (2009): Zukunft auf dem Land gestalten. Bonn.
BMELV (2010): Rahmenplan der Gemeinschaftsaufgabe „Verbesserung der Agrarstruktur und des Küstenschutzes" für den Zeitraum 2010 – 2013 und Sonderrahmenplan der Gemeinschaftsaufgabe „Verbesserung der Agrarstruktur und des Küstenschutzes": Maßnahmen des Küstenschutzes in Folge des Klimawandels (2009 – 2025). Berlin.
BMBVS (Hrsg.) (2006): Leitbilder und Handlungsstrategien für die Raumentwicklung in Deutschland. Berlin.

BMWi (2009): Strukturwandel in ländlichen Räumen. In: Schlaglichter der Wirtschaftspolitik. Monatsbericht September 2009. S. 14-18.

Deutscher Bundestag (2009): Koordinierungsrahmen der Gemeinschaftsaufgabe „Verbesserung der regionalen Wirtschaftsstruktur" ab 2009. Drucksache 16/13950. Berlin.

Deutsche Bundesregierung (2009): Handlungskonzept der Bundesregierung zur Weiterentwicklung der ländlichen Räume. Berlin.

Europäische Kommission – Beschluss des Rates vom 20. Februar 2006 über strategische Leitlinien der Gemeinschaft für die Entwicklung des ländlichen Raums (Programmplanungszeitraum 2007-2013), ABl. L 55/20; in der Fassung v. 19.01.2009 (2009/61/EG).

Europäische Kommission – Verordnung (EG) Nr. 1698/2005 des Rates vom 20. September 2005 über die Förderung der Entwicklung des ländlichen Raums durch den Europäischen Landwirtschaftsfonds für die Entwicklung des ländlichen Raums (ELER), ABl. L 277/1; in der Fassung vom 25.Mai 2009, Verordnung (EG) Nr. 473/2009 des Rates, ABl. L 144/3.

Europäische Kommission (2010a): Mitteilung der Kommission. EUROPA 2020. Eine Strategie für intelligentes, nachhaltiges und integratives Wachstum. KOM(2010) 2020 endgültig. Brüssel.

Europäische Kommission (2010b): In Europas Zukunft investieren. Fünfter Bericht über den wirtschaftlichen, sozialen und territorialen Zusammenhalt. Luxemburg.

Europäische Kommission (2010c): „Die GAP bis 2020: Nahrungsmittel, natürliche Ressourcen und ländliche Gebiete – die künftigen Herausforderungen"(KOM (2010) 672/5). Brüssel.

Europäische Kommission (2008): REGIONEN 2020. Bewertung der künftigen Herausforderungen für die EU-Regionen. Brüssel.

Lukesch, R.; Payer, H.; Winkler Rieder, W. (2010): Wie gehen Regionen mit Krisen um? Eine explorative Studie über die Resilienz von Regionen. ÖAR Regionalberatung (Hrsg.). Wien.

Niedersächsisches Ministerium für Wirtschaft, Arbeit und Verkehr, MW (2008): Regionale Strukturpolitik für Wachstum und Arbeitsplätze- Eckwertepapier. Hannover.

Niedersächsisches Ministerium für Ernährung, Landwirtschaft, Verbraucherschutz und Landesentwicklung, ML (2009a): PROFIL – Programm zur Förderung im ländlichen Raum Niedersachsen und Bremen 2007 bis 2013, in der Fassung vom 15. November 2009. Hannover.

Niedersächsisches Ministerium für Ernährung, Landwirtschaft, Verbraucherschutz und Landesentwicklung, ML (2009b): Förderwegweiser PROFIL – Programm zur Förderung im ländlichen Raum Niedersachsen und Bremen 2007 bis 2013, Hannover.

Nischwitz, G. (2011): Strukturpolitik und Ländliche Entwicklungspolitik in Niedersachsen. In: Neues Archiv für Niedersachsen. Ausgabe 01/2011. Wissenschaftliche Gesellschaft zum Studium Niedersachsens e.V. (Hg.) (Veröffentlichung in Vorbereitung). Hannover.

Nischwitz, G. (2007): Möglichkeiten und Grenzen der Ausgestaltung einer integrierten regionalen Entwicklungspolitik für ländliche Räume. In: Niedersächsisches Institut für Wirtschaftsforschung – NIW (Hrsg.) Regionale Entwicklungspolitik zwischen Zentrenorientierung und Ausgleich. Hannover, S. 97-131.

Nischwitz, G.; Bartel, A.; Pollermann, K. (2008): Rahmenbedingungen einer integrierten Entwicklungspolitik für ländliche Räume. Bundesamt für Naturschutz. Bonn. (Unveröffentlicht).

Nischwitz, G.; Mose, I. (2009): Anforderungen an eine regionale Entwicklungspolitik für strukturschwache ländliche Räume. ARL (2009) (Hrsg.): E-Paper Nr. 7. Hannover.

Nischwitz, G.; Skubowius, A. (2011): Zusammenfassende Analyse zur Ausgestaltung und Umsetzung der EU-Strukturfonds in den norddeutschen Bundesländern. In: ARL (Hrsg.): Ausgestaltung der EU Strukturpolitik in den norddeutschen Bundesländern 2007-2013. Arbeitsmaterialien. (Veröffentlichung in Vorbereitung). Hannover.

OECD (Hrsg.) (2007): OECD-Prüfbericht zur Politik für ländliche Räume. Deutschland. Paris.

Hans-Ulrich Jung

Regionalwirtschaftliche Entwicklungsperspektiven urbaner und ländlicher Räume in Norddeutschland

Konsequenzen für die regionale Entwicklungspolitik

0. Einleitung

Die regionale Strukturpolitik in Norddeutschland steht vor besonderen Herausforderungen. Seit Beginn der 90er Jahre hat sich der Prozess der Globalisierung der Wirtschaftsbeziehungen beschleunigt. Weltweite Trends der Privatisierung und Liberalisierung der Güter- und Finanzmärkte bewirken eine Expansion grenzüberschreitender Aktivitäten in bisher nicht gekanntem Ausmaß. Die Globalisierung schafft dabei einerseits neue Märkte und Exportpotenziale, andererseits aber auch zunehmenden Wettbewerbsdruck sowohl auf internationalen Märkten als auch im Inland[1]. Neben dem generellen Trend zur sektoralen Verschiebung der Branchengewichte von den produzierenden Bereichen hin zu Dienstleistungen lassen sich weitere Entwicklungen des wirtschaftlichen Strukturwandels feststellen:

- der Trend zur Wissenswirtschaft mit einer zunehmenden Bedeutung von Forschung und Entwicklung bzw. von Produkt- und Prozessinnovationen als Schlüsselgrößen für die Wettbewerbsfähigkeit sowie die wachsende Bedeutung von (hoch-)qualifiziertem Personal nicht nur im industriellen Sektor, sondern auch in den Dienstleistungszweigen,
- strukturelle Veränderungen innerhalb des Unternehmenssektors durch Gründungen, Outsourcing-Prozesse, Neuorientierung von Konzern- und Unternehmensstrukturen und zunehmende externe Kontrolle sowie
- wachsende Herausforderungen für mittelständische Betriebe aufgrund betriebswirtschaftlicher Organisationsprobleme, Finanzierungsengpässen, Markterschließungslücken oder Technologietransferdefiziten.

Die o.g. Entwicklungstendenzen führen zu einem verschärften überregionalen und internationalen Wettbewerb der Regionen und Wirtschaftsstandorte. Daher leitet sich für die Regionale Strukturpolitik die Notwendigkeit ab, die Wettbewerbsposition über die Förderung technologischer Neuerungen und innovativer Dienstleistungen zu stärken und dazu beizutragen, Kompetenzen in forschungsintensiven Industrien und hochwertigen Dienstleistungen aufzubauen. Dies ist umso wichtiger, da Norddeutschland bzw. Niedersachsen und ihre Regionen gegenüber dem westdeutschen Bundesdurchschnitt und insbesondere den süddeutschen Bundesländern nach wie vor deutliche Entwicklungsrückstände aufweisen[2]. Im Folgenden wird deshalb für zentrale regionalwirtschaftlich relevante Bereiche die Position der norddeutschen Bundesländer im Bundesvergleich sowie vor allem im Vergleich zu den süddeutschen Ländern aufgezeigt. Darüber hinaus stehen die räumlichen Unterschiede innerhalb von Norddeutschland im Fokus, die sich nicht auf ein einfaches Stadt-Land-Gefälle reduzieren lassen und daher auch differenzierte Antworten der regionalen Strukturpolitik erfordern.

1. Wirtschaftskraft und wirtschaftliche Entwicklungsdynamik

Im Bundesgebiet gibt es großräumige Unterschiede in den wirtschaftlichen Potenzialen und der wirtschaftlichen Dynamik, deren Ursachen in erster Linie in der Wirtschaftsstruktur begründet sind. Die Wirtschaftskraft[3] als Relation zwischen Wertschöpfung und Bevölkerung ist in Deutschland nach wie vor durch ein erhebliches Gefälle von Westdeutschland (106[4]) nach Ostdeutschland (75) geprägt. Norddeutschland (100) liegt zwar genau im Bundesdurchschnitt, damit aber doch deutlich unter dem Niveau der westdeutschen Länder. Unter den Flächenländern ist die Wirtschaftskraft in Baden-Württemberg (110), Bayern (116) und Hessen (121) weit überdurchschnittlich.

- Der Rückstand der norddeutschen Bundesländer zum westdeutschen Durchschnitt in der Wirtschaftskraft ist im Zeitablauf sogar noch etwas größer geworden, weil sich die süddeutschen Länder leicht überdurchschnittlich entwickelt haben (Abb. 1). Ostdeutschland hat seinen nach wie vor massiven Rückstand kontinuierlich reduzieren können.
- In der Wirtschaftskrise 2009 ist allerdings die Wertschöpfung in Süddeutschland

überdurchschnittlich eingebrochen, weil die internationalisierten Wirtschaftsbereiche sehr viel stärker als die auf die inländische Nachfrage ausgerichteten getroffen wurden. Demgegenüber hatte der Norden und vor allem auch der Osten Deutschlands nur geringe Einbußen zu verzeichnen. Süddeutschland konnte 2010 allerdings schon wieder beträchtlich aufholen. Eine dauerhafte Einebnung der großräumlichen Unterschiede in der Wirtschaftskraft zeichnet sich demzufolge derzeit nicht ab.

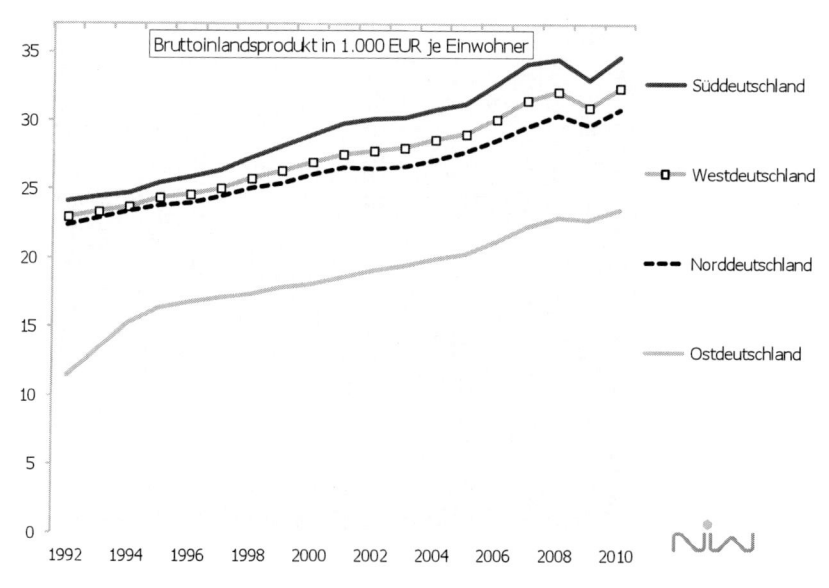

Abb. 1: Entwicklung der Wirtschaftskraft im Norden, Süden und Osten des Bundesgebiets

Die Arbeitsstundenproduktivität als Relation zwischen Wertschöpfung und dem Einsatz des Produktionsfaktors Arbeit ist ein wichtiges Charakteristikum der regionalen Wirtschaftsstruktur (Karte 1). Die Arbeitsproduktivität ist in Ostdeutschland (82,5) nach wie vor deutlich geringer als in den westdeutschen Ländern (104). In Norddeutschland liegt die Arbeitsproduktivität leicht über dem Bundesdurchschnitt (102). Unter den westdeutschen Flächenländern ist die Relation zwischen der Wertschöpfung und der eingesetzten Arbeit vor allem in Hessen (114), Bayern (107)

45

Hans-Ulrich Jung

Karte 1: Regionale Unterschiede in der Arbeitsproduktivität der Erwerbstätigen

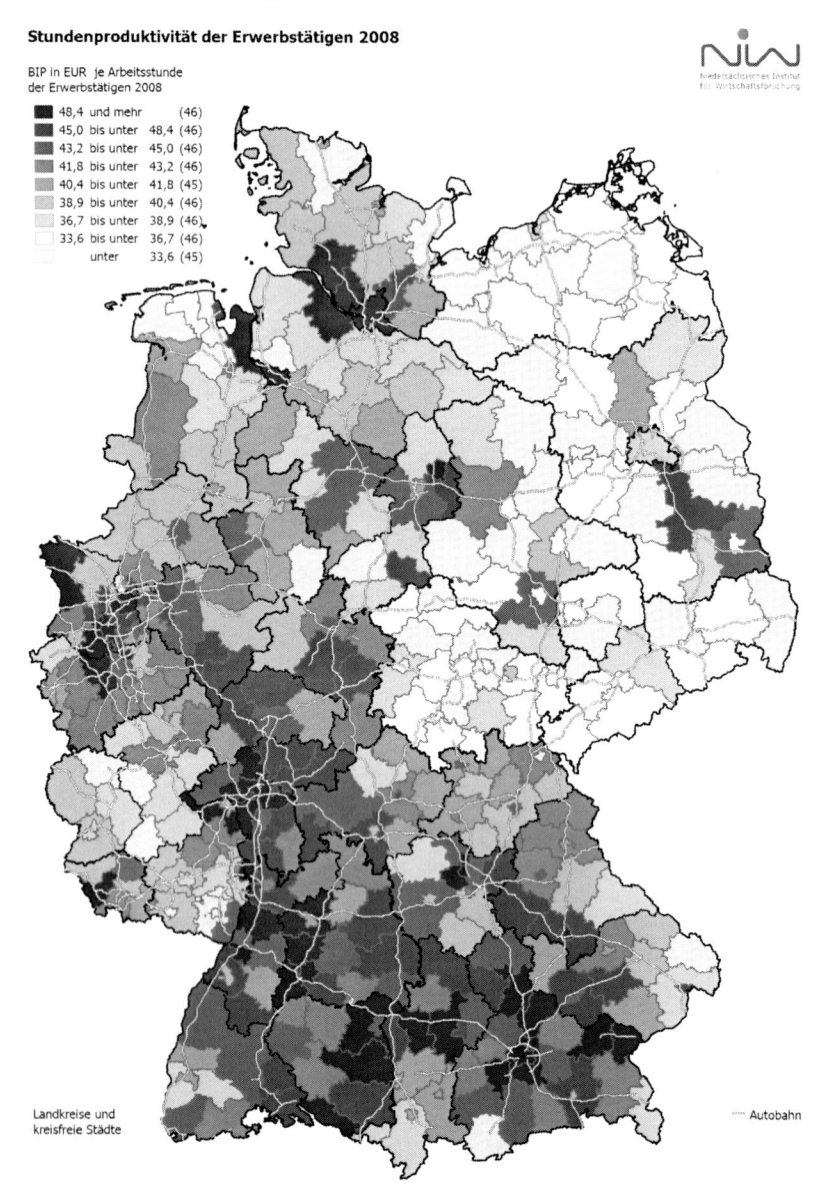

Stundenproduktivität der Erwerbstätigen 2008

BIP in EUR je Arbeitsstunde
der Erwerbstätigen 2008

- 48,4 und mehr (46)
- 45,0 bis unter 48,4 (46)
- 43,2 bis unter 45,0 (46)
- 41,8 bis unter 43,2 (46)
- 40,4 bis unter 41,8 (45)
- 38,9 bis unter 40,4 (46)
- 36,7 bis unter 38,9 (46)
- 33,6 bis unter 36,7 (46)
- unter 33,6 (45)

Landkreise und kreisfreie Städte

— Autobahn

und Baden-Württemberg (104) überdurchschnittlich. Die Flächenländer Niedersachsen (98) und Schleswig-Holstein (96) haben zusammen mit dem Saarland (96) und Rheinland-Pfalz (94) die niedrigste Arbeitsproduktivität.

Die Entwicklung der Erwerbstätigen bzw. der Beschäftigten ist stark von der wirtschaftlichen Dynamik abhängig. Insgesamt ist die Wertschöpfung in Norddeutschland seit 1992 (in jeweiligen Preisen) um 45 Prozent und die Zahl der Erwerbstätigen am Arbeitsort um etwa acht Prozent gestiegen. Dabei waren sowohl das wirtschaftliche Wachstum als auch die Entwicklung der Erwerbstätigenzahlen lange Jahre schwächer als im westdeutschen Durchschnitt (Abb. 2). Der Entwicklungsverlauf der Erwerbstätigen zeichnet die konjunkturellen Schwächephasen von Anfang der 90er Jahre und Beginn des letzten Jahrzehnts deutlich nach. Abgesehen von dem stärkeren Rückgang in der gerade überwundenen Wirtschaftskrise war die Entwicklung der Erwerbstätigen seit Beginn des letzten Jahrzehnts in Süddeutschland günstiger als im Norden.

In Deutschland gab es auch in den letzten Jahren erhebliche regionale Unterschiede in der Beschäftigtenentwicklung (Karte 2). Vor allem die großen Zentren wie Berlin, Hamburg und München sowie ihre Umlandregionen haben stark an Beschäftigung gewonnen. Aber auch viele der sonstigen großstädtischen Wirtschaftsräume sowie die ländlichen Räume im Nordwesten und im Süden von Deutschland hatten deutliche Beschäftigungsgewinne.

- Im Gegensatz zu den 90er Jahren haben in den letzten Jahren die norddeutschen Verdichtungsräume wieder an Beschäftigungsdynamik gewonnen. An der Spitze der Wachstumsdynamik stehen die Metropole Hamburg und ihr Umland, das nach wie vor von starken Suburbanisierungstendenzen profitiert. Eine stärkere Beschäftigtenentwicklung haben in den letzten Jahren auch wieder die Verdichtungsräume Bremen und Hannover. Im Verdichtungsraum Braunschweig ist die Beschäftigtenentwicklung nur in den Städten Braunschweig und Wolfsburg stark, die Stadt Salzgitter hat sogar Arbeitsplatzverluste.

- Die ländlichen Räume in Norddeutschland sind durch besondere Entwicklungsunterschiede geprägt. Eine weit überdurchschnittliche Beschäftigtenentwicklung verzeichnen die ländlichen Räume im westlichen Niedersachsen sowie der Raum zwischen den Verdichtungsräumen Hamburg, Bremen und Hannover. Die in der Vergangenheit auszumachende Entwicklungsschwäche der ländlichen Räume

Abb. 2: Entwicklung von Wertschöpfung und Erwerbstätigen im Norden und Süden des Bundesgebiets

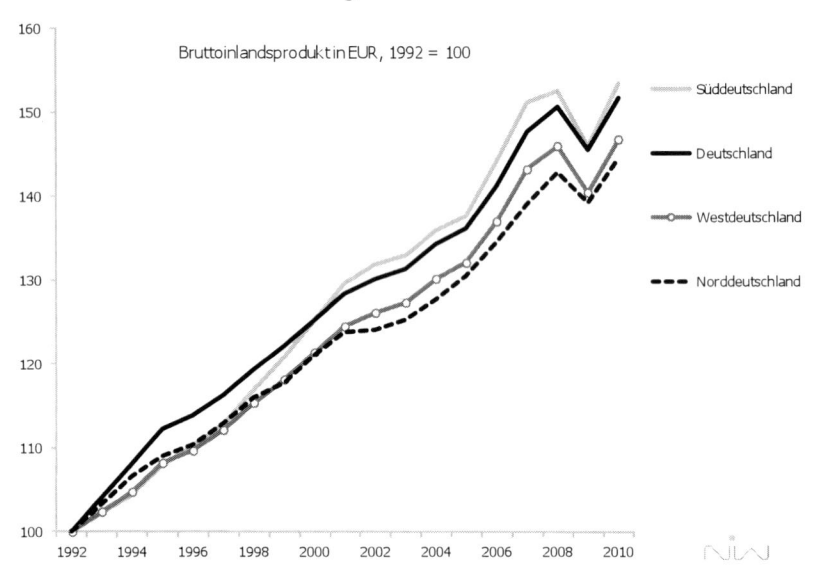

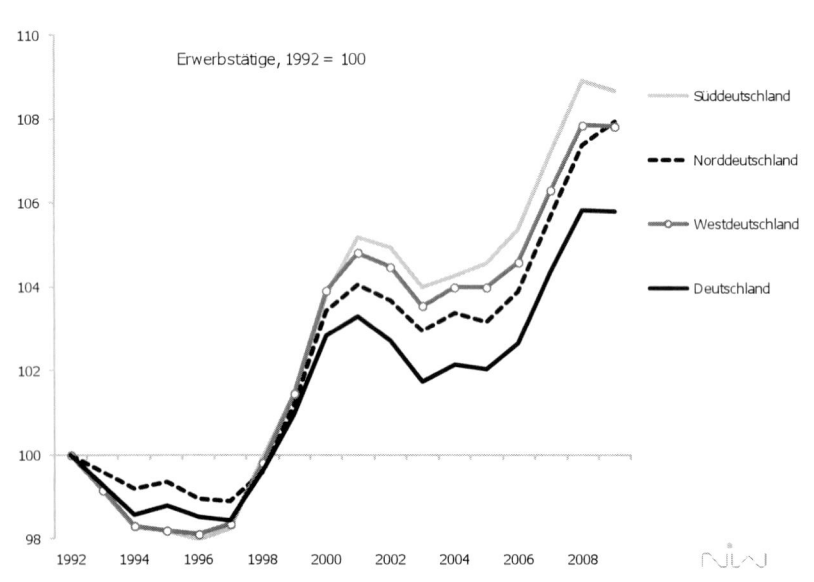

Hans-Ulrich Jung

Karte 2: Regionale Disparitäten der Beschäftigtenentwicklung

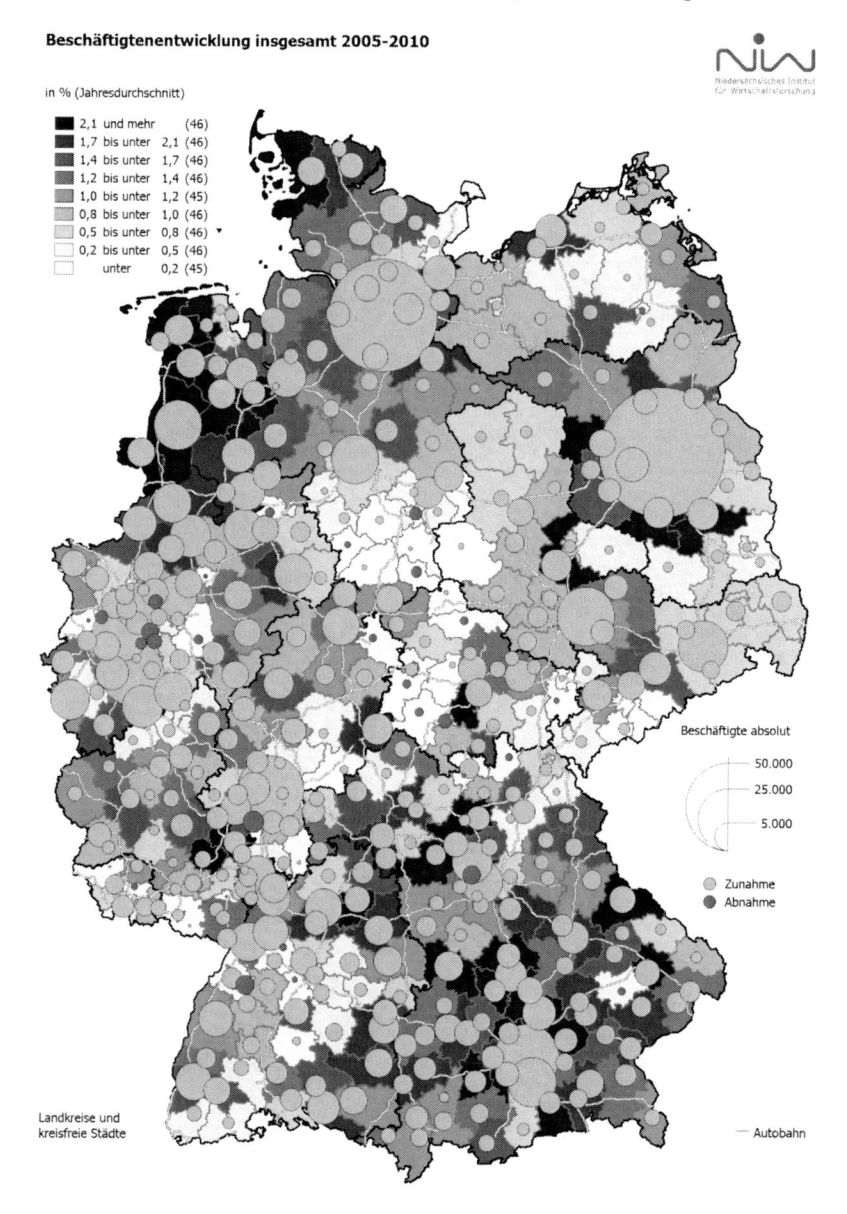

Beschäftigtenentwicklung insgesamt 2005-2010

in % (Jahresdurchschnitt)

- 2,1 und mehr (46)
- 1,7 bis unter 2,1 (46)
- 1,4 bis unter 1,7 (46)
- 1,2 bis unter 1,4 (46)
- 1,0 bis unter 1,2 (45)
- 0,8 bis unter 1,0 (46)
- 0,5 bis unter 0,8 (46)
- 0,2 bis unter 0,5 (46)
- unter 0,2 (45)

Beschäftigte absolut

- 50.000
- 25.000
- 5.000

○ Zunahme
● Abnahme

Landkreise und
kreisfreie Städte

— Autobahn

im Küstenraum hat sich aufgrund des Aufschwungs der „maritimen Wirtschaft" deutlich verringert. Ausgesprochen ungünstig bleibt demgegenüber die Entwicklung in den ländlichen Räumen des südlichen Niedersachsen mit Beschäftigtenverlusten in der Harzregion und im Weserbergland. Der Süden von Niedersachsen zählt damit zu dem entwicklungsschwächsten Raum in Deutschland, der sich vom westlichen Sachsen-Anhalt und Thüringen über das südöstliche Nordrhein-Westfalen und das nordöstliche Hessen bis in die bayerischen Grenzräume zieht.

2. Demographische Entwicklung

Die Bevölkerungsstruktur und -entwicklung sowie die Zusammensetzung der Bevölkerung nach Altersgruppen bilden wichtige Rahmendaten für die regionalwirtschaftliche Entwicklung. Sie sind nicht nur grundlegende Bestimmungsgrößen für das Angebot an Arbeitskräften auf dem regionalen Arbeitsmarkt, sondern prägen auch die Nachfrage der Bevölkerung und der Haushalte in der Region nach haushaltsorientierten Dienstleistungen, nach Wohnungen sowie nach Infrastrukturleistungen und sonstigen öffentlichen Dienstleistungen. Bevölkerungszahl und -entwicklung sind deshalb auch strategische Kerngrößen der kommunalen Entwicklung.

Unter den Bundesländern besteht seit der Wiedervereinigung ein erhebliches West-Ost-Gefälle in der Bevölkerungsentwicklung. In dem letzten Jahrzehnt hat Ostdeutschland fast eine Mio. Einwohner verloren, während die westdeutschen Bundesländer etwa 600.000 Einwohner hinzugewonnen haben. Der demographische Wandel führt allerdings in allen deutschen Regionen zu einer sich allmählich abschwächenden Bevölkerungsentwicklung. Sie liegt in Norddeutschland insgesamt in etwa im westdeutschen Durchschnitt. Eine leicht stärkere Entwicklung hatten lediglich die süddeutschen Länder.

Bereits seit Langem ist die Bevölkerungsentwicklung durch starke regionale Gegensätze gekennzeichnet. Besonders deutlich spiegeln die Wanderungsbewegungen der Bevölkerung im erwerbsfähigen Alter die Attraktivität der Wohn- und Lebensräume (Karte 3). Die dynamischen Metropolen Berlin, München und Hamburg üben die offensichtlich größte Anziehungskraft auf Zuwanderer aus („Reurbanisierung"). Die übrigen Großstädte folgen mit deutlichem Abstand, darunter in

Hans-Ulrich Jung

Karte 3: Regionale Disparitäten der Wanderungen der Bevölkerung im erwerbsfähigen Alter

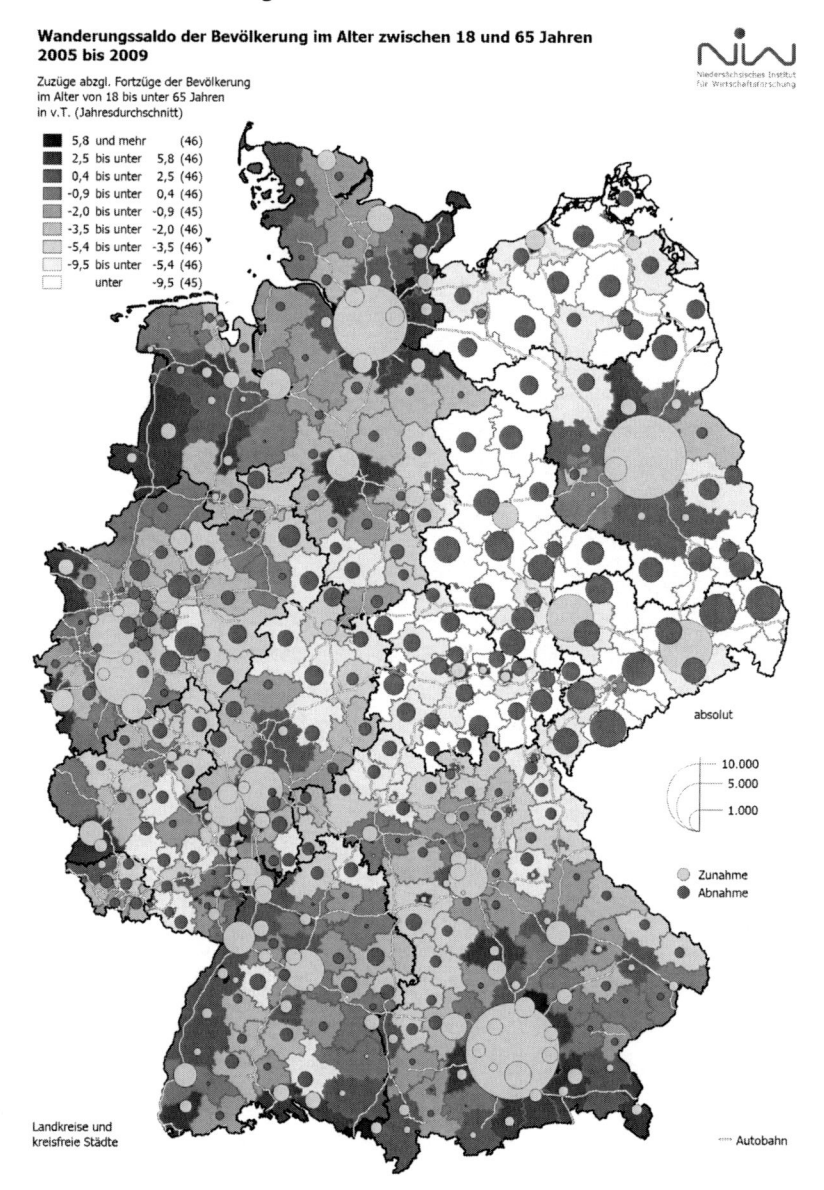

Wanderungssaldo der Bevölkerung im Alter zwischen 18 und 65 Jahren 2005 bis 2009

Zuzüge abzgl. Fortzüge der Bevölkerung
im Alter von 18 bis unter 65 Jahren
in v.T. (Jahresdurchschnitt)

- 5,8 und mehr (46)
- 2,5 bis unter 5,8 (46)
- 0,4 bis unter 2,5 (46)
- -0,9 bis unter 0,4 (46)
- -2,0 bis unter -0,9 (45)
- -3,5 bis unter -2,0 (46)
- -5,4 bis unter -3,5 (46)
- -9,5 bis unter -5,4 (46)
- unter -9,5 (45)

NIW
Niedersächsisches Institut
für Wirtschaftsforschung

absolut

10.000
5.000
1.000

○ Zunahme
● Abnahme

Landkreise und
kreisfreie Städte

---- Autobahn

Norddeutschland auch Hannover und Bremen. Nach wie vor gibt es Suburbanisierungstendenzen in den meisten großstädtischen Räumen, sie haben sich aber gegenüber den letzten Jahrzehnten deutlich abgeschwächt und konzentrieren sich wieder stärker auf das engere Umfeld der großen Städte. In Ostdeutschland werden flächenhafte Abwanderungstendenzen abseits des Verdichtungsraums Berlin und einiger großer Städte wie Dresden und Leipzig deutlich. In Norddeutschland verzeichnen die ländlichen Räume des westlichen Niedersachsen deutliche Zuwanderungen von Erwerbsfähigen. Dem stehen beträchtliche Wanderungsverluste im südlichen Niedersachsen, im Nordosten sowie in Teilen der Nordseeküste gegenüber. Der Schwächeraum der demographischen Entwicklung erstreckt sich über das südliche Niedersachsen hinaus ins östliche Nordrhein-Westfalen und das nordöstliche Hessen bis in die Grenzräume des nördlichen und östlichen Bayern. Insgesamt sind die regionalen Unterschiede in der Bevölkerungsentwicklung in Norddeutschland stärker als in anderen Teilen des Bundesgebietes. Vor allem bei den ländlichen Räumen zählen niedersächsische Regionen sowohl zur Spitzengruppe als auch zu den größten Verlierern.

Zwischen der Beschäftigtenentwicklung und Bevölkerungsdynamik zeigt sich sowohl für die urbanen Räume als auch für die ländlichen Räume in Westdeutschland ein erstaunlich enger Zusammenhang (Abb. 3). Offensichtlich führt ein steigendes Angebot an Beschäftigungsmöglichkeiten zu Zuwanderungen von (überwiegend jungen) Arbeitskräften, während ein unzureichendes Angebot an Arbeitsplätzen Abwanderungen auslöst. Über die Selektivität von Wanderungsprozessen verschlechtert sich in den Abwanderungsregionen die Altersstruktur durch den Verlust von jungen Haushalten, was wiederum sinkende Geburtenzahlen und steigende Überalterung auslöst. Die Zuwanderung von jüngeren Menschen in den wirtschaftlichen Wachstumsräumen und in ihrem Umfeld verbessert auch die natürliche Entwicklung und damit die Altersstruktur.

- Unter den urbanen Räumen fallen als besonders dynamische Räume in Süddeutschland Regensburg, Ingolstadt und München, in Norddeutschland Hamburg und Oldenburg auf. Ausgeprägte Schrumpfungsräume sind demgegenüber Wuppertal und Rhein-Ruhr in Nordrhein-Westfalen sowie Hildesheim und Göttingen in Norddeutschland. Die Regionen Hannover und Braunschweig/Salzgitter/Wolfsburg liegen allenfalls im Mittelfeld.

Abb. 3: Zusammenhang von Bevölkerungs- und Beschäftigtenentwicklung in den westdeutschen Arbeitsmarktregionen 2000 bis 2008

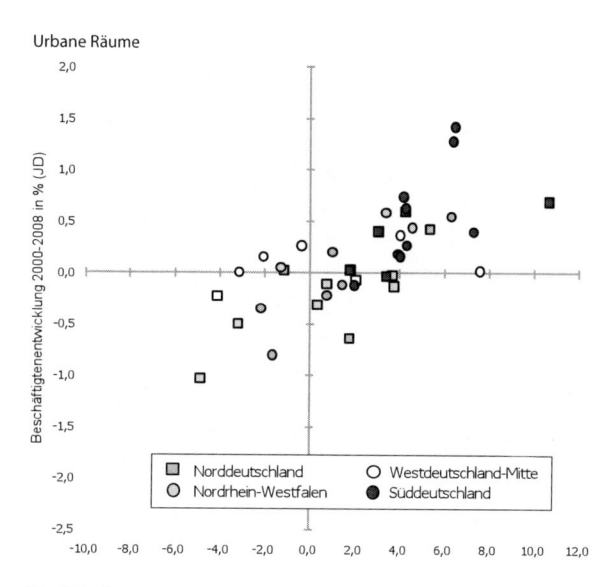

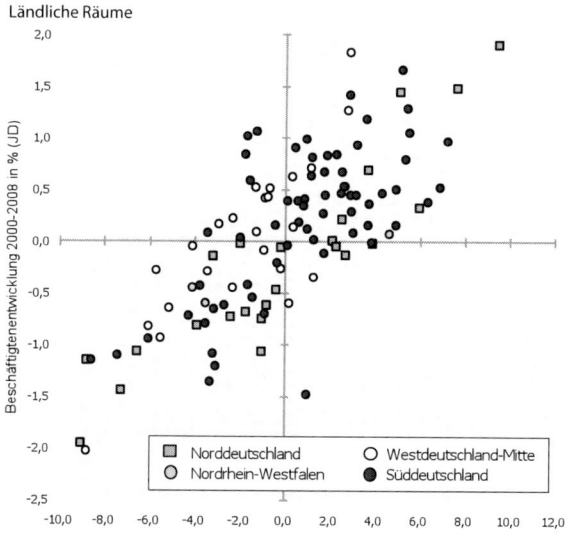

- Unter den ländlichen Räume stehen die Regionen Vechta, Cloppenburg, Emsland, Leer und Nordhorn in Norddeutschland bundesweit an der Spitze. Zu den stärksten Schrumpfungsräumen in Westdeutschland zählen die niedersächsischen Regionen Holzminden, Osterode am Harz, Goslar, Einbeck und Hameln-Pyrmont. Damit ist die Spannbreite von wachsenden und schrumpfenden Räumen in Norddeutschland größer als in allen anderem Teilen Westdeutschlands.

3. Arbeitsmarktungleichgewichte

Die Wachstumsunterschiede von Wertschöpfung, Beschäftigung und Bevölkerung führen zu erheblichen Disparitäten von Arbeitskräfteangebot und -nachfrage auf den regionalen Arbeitsmärkten, wie sie sich in der Arbeitslosigkeit abbilden. Das Niveau der Arbeitslosigkeit lag im Jahresdurchschnitt 2010 in Norddeutschland mit einer Arbeitslosenquote von 9,1 Prozent (99[6]) im Bundesdurchschnitt und war damit deutlich höher als im westdeutschen Durchschnitt (85). In Niedersachsen (95) und Schleswig-Holstein (97) war das Ausmaß der Arbeitsmarktungleichgewichte in etwa gleich. Die Stadtstaaten Hamburg (110) und Bremen (143) hatten demgegenüber überdurchschnittliche Arbeitsmarktprobleme. Unter den westdeutschen Ländern ergab sich nur in Nordrhein-Westfalen (108) eine noch etwas höhere Arbeitslosigkeit als in Norddeutschland. Sowohl in Hessen (84) und Rheinland-Pfalz (75) als auch vor allem in den süddeutschen Ländern Baden-Württemberg (63) und Bayern (60) waren die Arbeitsmarktungleichgewichte erheblich geringer.

Die Unterschiede in der Arbeitsmarktsituation sind auch innerhalb von Norddeutschland vergleichsweise groß (Karte 4). Ausgesprochen gering sind die Arbeitsmarktprobleme im Umfeld der großen Verdichtungszentren sowie in den wachstumsstarken Regionen entlang großer Verkehrsachsen. Die größten Arbeitsmarktprobleme in Norddeutschland haben neben den großen Städten die ländlichen Räume im südlichen Niedersachsen. Vergleichbare Arbeitsmarktungleichgewichte wie im südlichen Niedersachsen oder im Küstenraum gibt es mit Ausnahme des Ruhrgebietes und des Saarlandes im übrigen Westdeutschland und in Süddeutschland nicht. Obwohl sich die Arbeitsmarktsituation in den letzten Jahren vor allem in den niedersächsischen Regionen relativ verbessert hat, bleibt der Rückstand zum südlichen und mittleren Deutschland beträchtlich.

Karte 4: Regionale Arbeitsmarktungleichgewichte

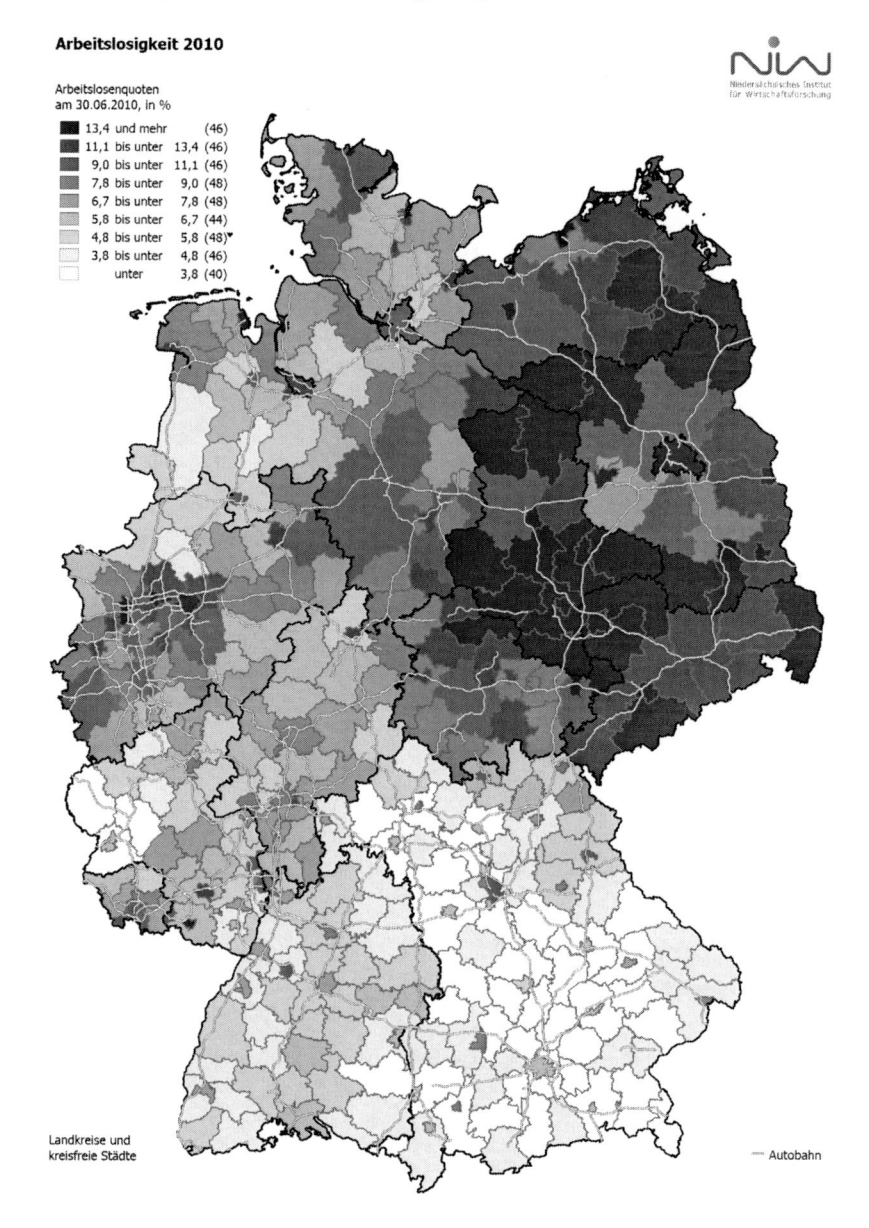

Arbeitslosigkeit 2010

Arbeitslosenquoten
am 30.06.2010, in %

- 13,4 und mehr (46)
- 11,1 bis unter 13,4 (46)
- 9,0 bis unter 11,1 (46)
- 7,8 bis unter 9,0 (48)
- 6,7 bis unter 7,8 (48)
- 5,8 bis unter 6,7 (44)
- 4,8 bis unter 5,8 (48)*
- 3,8 bis unter 4,8 (46)
- unter 3,8 (40)

Landkreise und
kreisfreie Städte

— Autobahn

Die Erwerbsbeteiligung ist ein weiterer wichtiger Indikator zur Charakterisierung des regionalen Arbeitskräfteangebots und des Ausschöpfungsgrades des Arbeitskräftepotenzials. Die regionalen Unterschiede in der Erwerbsbeteiligung der Männer sind dabei deutlich geringer als die der Frauen. Die Erwerbsbeteiligung der Frauen ist dabei traditionell in Ostdeutschland (106[7]) erheblich höher als im Westen (98). In Westdeutschland ist die Erwerbsbeteiligung in Bayern (106) und Baden-Württemberg (102) am höchsten. Die niedrigste Erwerbsbeteiligung verzeichnen Bremen (91) sowie die ehemaligen Montanregionen Nordrhein-Westfalen (92) und Saarland (90). Insgesamt liegt Norddeutschland (98) damit im westdeutschen Durchschnitt (98), in dem Flächenland Schleswig-Holstein (101) ist sie beträchtlich höher als in Niedersachsen (91).

Das räumliche Muster der Erwerbsbeteiligung der Frauen macht deutlich, dass eine vergleichbare Ausschöpfung des weiblichen Arbeitskräftepotenzials wie in vielen ostdeutschen Regionen in Westdeutschland nur im Raum München, in Unterfranken und in Südbaden zu verzeichnen ist (Karte 5). In Ostdeutschland ist die Erwerbsbeteiligung am höchsten in den Tourismusregionen an der Ostseeküste, im Umfeld der Großstädte sowie in einem Streifen entlang der ehemaligen innerdeutschen Grenze mit guten Pendlermöglichkeiten in die angrenzenden westdeutschen Wirtschaftsräume. In Süddeutschland ist mit Ausnahme des Bayerischen Waldes in Ostbayern die Erwerbsbeteiligung der Frauen flächendeckend höher als in Norddeutschland. Die besten Erwerbschancen für Frauen haben im Norden die dienstleistungsorientierten Verdichtungsräume sowie einige ländliche Räume, in denen Tourismus oder Gesundheitswirtschaft im Vordergrund stehen. Ausgesprochen niedrig ist die Erwerbsbeteiligung der Frauen im westlichen Niedersachsen, im nordöstlichen Niedersachsen sowie im Nordseeküstenraum mit Ausnahme von Nordfriesland.

4. Ausmaß der sozialen Probleme

Der Anteil der Leistungsempfänger nach SGB II an der Bevölkerung unter 65 Jahren ist ein Indikator für die soziale Hilfebedürftigkeit von Erwerbsfähigen und ihren Kindern. Im Bundesdurchschnitt lag der Anteil im Jahresdurchschnitt 2010 bei 10,3 Prozent. In Ostdeutschland erreichte der Anteil 16,9 Prozent (163[8]), in West-

Hans-Ulrich Jung

Karte 5: Regionale Unterschiede in den Erwerbschancen der Frauen

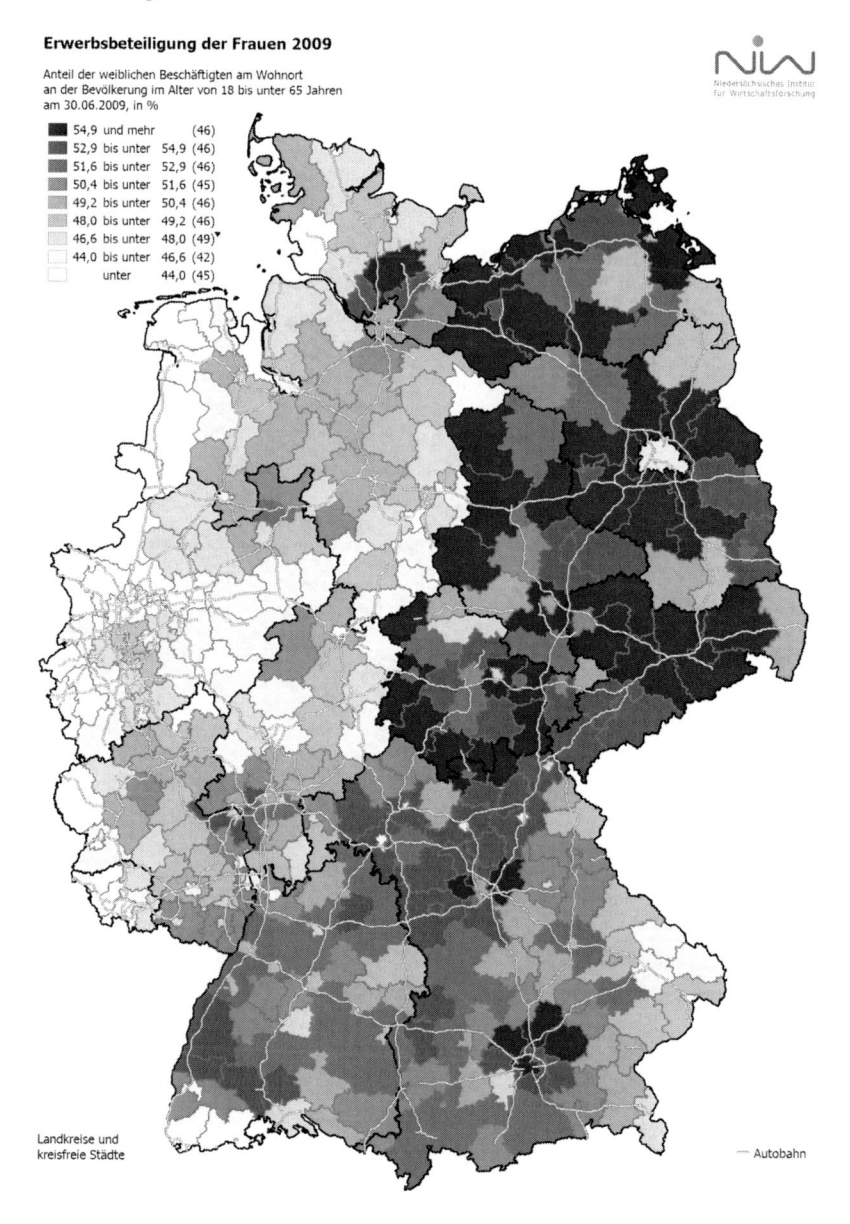

Erwerbsbeteiligung der Frauen 2009

Anteil der weiblichen Beschäftigten am Wohnort
an der Bevölkerung im Alter von 18 bis unter 65 Jahren
am 30.06.2009, in %

- 54,9 und mehr (46)
- 52,9 bis unter 54,9 (46)
- 51,6 bis unter 52,9 (46)
- 50,4 bis unter 51,6 (45)
- 49,2 bis unter 50,4 (46)
- 48,0 bis unter 49,2 (46)
- 46,6 bis unter 48,0 (49)
- 44,0 bis unter 46,6 (42)
- unter 44,0 (45)

NIW
Niedersächsisches Institut
für Wirtschaftsforschung

Landkreise und
kreisfreie Städte

— Autobahn

deutschland lag er durchschnittlich bei 8,8 Prozent (85). Diesem gravierenden West-Ost-Gefälle standen auch große Unterschiede im westlichen Deutschland gegenüber. So war der Anteil der Hilfebedürftigen in den Stadtstaaten Bremen (178) und Hamburg (133) weit überdurchschnittlich. Unter den westdeutschen Flächenländern hatte Nordrhein-Westfalen (113) die größten Probleme. Schleswig-Holstein (101) und Niedersachsen (99) lagen etwa im Bundesdurchschnitt. Die mit Abstand geringsten sozialen Probleme verzeichneten aber die süddeutschen Bundesländer Baden-Württemberg (55) und Bayern (47). Insgesamt waren mit 1,17 Mio. Hilfeempfängern oder 11,2 Prozent der Bevölkerung unter 65 Jahren (108) die sozialen Probleme in Norddeutschland damit deutlich größer als im Bundesdurchschnitt und sogar mehr als doppelt so groß wie in Süddeutschland.

Die regionalen Unterschiede in der Hilfebedürftigkeit der Bevölkerung sind in erster Linie von der wirtschaftlichen Dynamik und den Arbeitsmarktungleichgewichten bestimmt (Karte 6).

- Insgesamt ist der Anteil in den Verdichtungsräumen und hier vor allem in den großstädtischen Zentren deutlich höher als in den umliegenden ländlichen Räumen. Auch in Norddeutschland sind die sozialen Probleme besonders ausgeprägt in den großstädtischen Zentren. Die größten sozialen Probleme unter den norddeutschen Großstädten haben neben Braunschweig (124) und Hamburg (133) die Städte Salzgitter (141), Hannover (164), Kiel (166), Bremen (168) und Lübeck (180). Von ganz besonderer Brisanz ist ein Anteil der hilfebedürftigen Bevölkerung mit fast 24 Prozent (229) in der Stadt Bremerhaven.
- Innerhalb der ländlichen Räume ist die Hilfebedürftigkeit ausgesprochen niedrig in den westniedersächsischen Räumen Vechta, Cloppenburg, Emsland und Grafschaft Bentheim. Vergleichsweise gering ist der Anteil auch im Elbe-Weser-Raum. Überdurchschnittliche soziale Probleme haben offensichtlich der Raum der Nordseeküste mit Ausnahme von Nordfriesland, das Leine-Weser-Bergland, der Oberweserraum, der Harz sowie Nordostniedersachsen. Besondere Probleme haben im ländlichen Raum einige Städte wie Emden und Wilhelmshaven.

Hans-Ulrich Jung

Karte 6: Regionale Unterschiede in der Hilfebedürftigkeit der Bevölkerung unter 65 Jahren

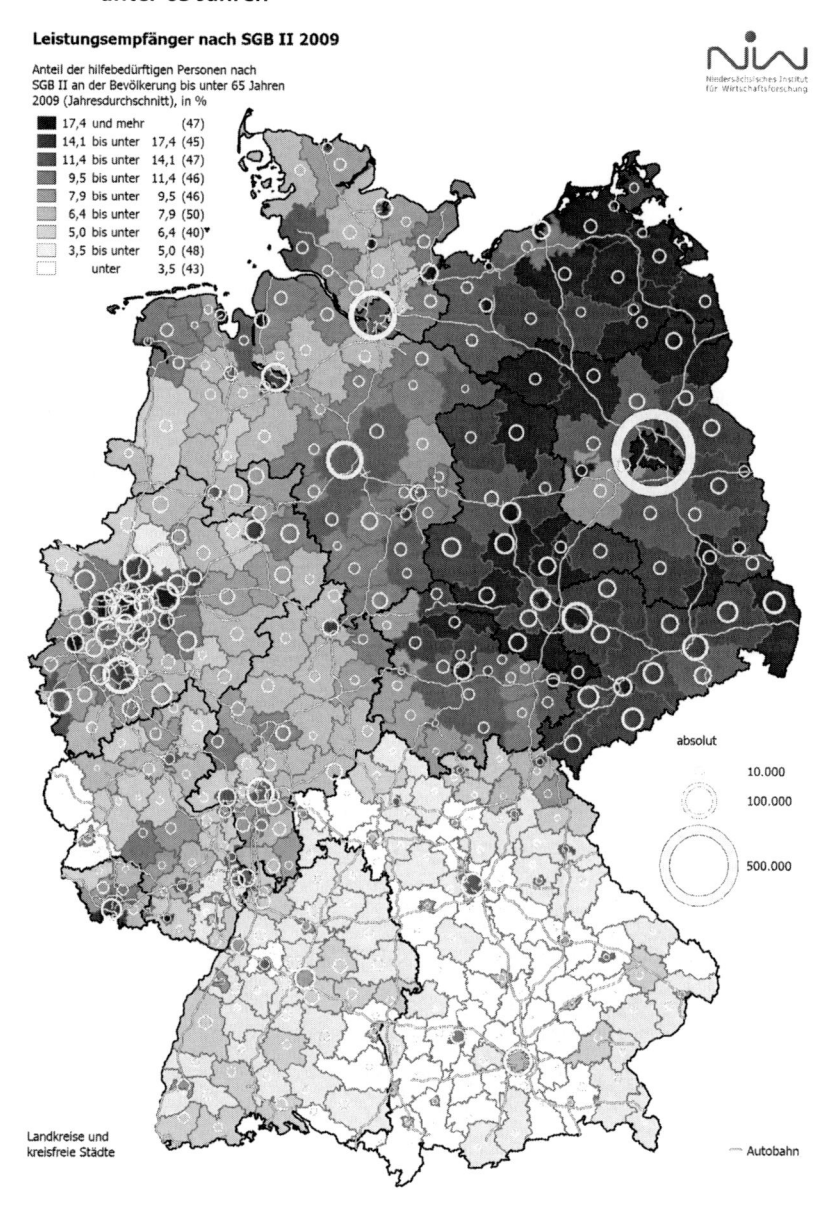

Leistungsempfänger nach SGB II 2009

Anteil der hilfebedürftigen Personen nach
SGB II an der Bevölkerung bis unter 65 Jahren
2009 (Jahresdurchschnitt), in %

- 17,4 und mehr (47)
- 14,1 bis unter 17,4 (45)
- 11,4 bis unter 14,1 (47)
- 9,5 bis unter 11,4 (46)
- 7,9 bis unter 9,5 (46)
- 6,4 bis unter 7,9 (50)
- 5,0 bis unter 6,4 (40)▼
- 3,5 bis unter 5,0 (48)
- unter 3,5 (43)

NIW
Niedersächsisches Institut
für Wirtschaftsforschung

absolut
10.000
100.000
500.000

Landkreise und
kreisfreie Städte

— Autobahn

5. Wissens- und innovationsorientierter Strukturwandel

Die Beschäftigungsentwicklung in Deutschland folgt seit Langem den Leitlinien des wissens- und innovationsorientierten Strukturwandels. Zum einen ist das Wachstum des produzierenden Sektors im Vergleich zu dem des Dienstleistungssektors verhalten, mit deutlichen Beschäftigtenverlusten in der Industrie seit Anfang der 90er Jahre. Zum anderen entwickeln sich sowohl innerhalb der produzierenden Bereiche als auch innerhalb des Dienstleistungssektors die wissens- und forschungsintensiven Wirtschaftszweige günstiger als diejenigen, die weniger auf den Einsatz von hochqualifizierten Arbeitskräften angewiesen sind. In längerfristiger Sicht sind per Saldo zusätzliche Arbeitsplätze weitgehend nur in den wissensintensiven Bereichen der Wirtschaft entstanden. Gerade die wissensintensiven, meist unternehmensbezogenen Dienstleistungen haben dabei sehr stark an Bedeutung gewonnen, wobei ihre Entwicklung nicht unabhängig von den produzierenden Bereichen zu sehen ist. Die Beschäftigungsperspektiven für die nicht wissensintensiven Wirtschaftszweige in Deutschland sind nicht nur für die produzierenden Bereiche, sondern auch für die Dienstleistungen tendenziell ungünstig.

Insgesamt sind die wissensintensiven Wirtschaftszweige[9] in Westdeutschland (105[10]) deutlich stärker vertreten als im Osten Deutschlands (78) (Karte 7). An der Spitze stehen unter den Flächenländern Baden-Württemberg (120), Bayern (113) und Hessen (109). Diesem Übergewicht des Südens und der Mitte hat der Norden nur die Spitzenposition des Stadtstaates Hamburg (114) sowie die durchschnittliche Position von Bremen (100) entgegenzusetzen. Niedersachsen (93) und Schleswig-Holstein (83) bilden die Schlusslichter unter den westdeutschen Ländern. Entsprechend ist die Wissensintensität der Wirtschaft in Norddeutschland insgesamt (96) unterdurchschnittlich. Innerhalb von Norddeutschland ist die Bedeutung der wissensintensiven Wirtschaftszweige in den großstädtischen Räumen erheblich höher als in den ländlichen Räumen, wobei sie sich in besonderer Weise auf die großstädtischen Zentren der Verdichtungsräume konzentrieren.

Die Verfügbarkeit von qualifizierten und hochqualifizierten Arbeitskräften hat im technologie- und innovationsgetriebenen wirtschaftlichen Strukturwandel in Deutschland eine zentrale Bedeutung. Der Trend zur Produktion anspruchsvoller Erzeugnisse und zur Bereitstellung hochwertiger Dienstleistungen setzt entspre-

Hans-Ulrich Jung

Karte 7: Regionale Unterschiede in der Bedeutung der wissensintensiven Wirtschaftszweige

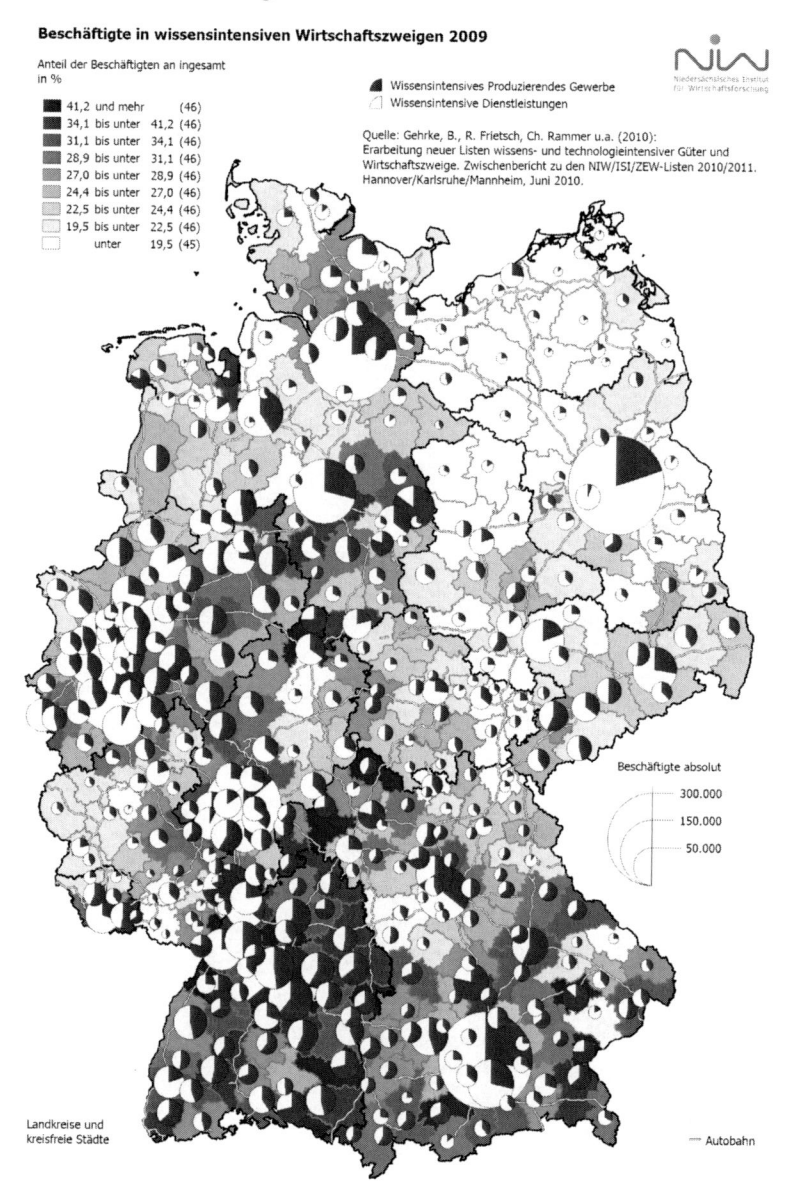

Beschäftigte in wissensintensiven Wirtschaftszweigen 2009

Anteil der Beschäftigten an insgesamt in %

- 41,2 und mehr (46)
- 34,1 bis unter 41,2 (46)
- 31,1 bis unter 34,1 (46)
- 28,9 bis unter 31,1 (46)
- 27,0 bis unter 28,9 (46)
- 24,4 bis unter 27,0 (46)
- 22,5 bis unter 24,4 (46)
- 19,5 bis unter 22,5 (46)
- unter 19,5 (45)

■ Wissensintensives Produzierendes Gewerbe
◫ Wissensintensive Dienstleistungen

NIW
Niedersächsisches Institut für Wirtschaftsforschung

Quelle: Gehrke, B., R. Frietsch, Ch. Rammer u.a. (2010): Erarbeitung neuer Listen wissens- und technologieintensiver Güter und Wirtschaftszweige. Zwischenbericht zu den NIW/ISI/ZEW-Listen 2010/2011. Hannover/Karlsruhe/Mannheim, Juni 2010.

Beschäftigte absolut
- 300.000
- 150.000
- 50.000

Landkreise und kreisfreie Städte

— Autobahn

chende Qualifikationen bei den Mitarbeitern in den regionalen Betrieben voraus. Die Position im interregionalen bzw. internationalen Wettbewerb verbessert sich mit steigendem Einsatz von Bildung, Wissen und Forschung. Die technischen Berufe und insbesondere die Ingenieure stehen in besonderem Maße für technisches Wissen in Produktion und Dienstleistungen. Ein hoher Anteil von Beschäftigten in diesen Berufen gilt als Indiz für aufwändige technische Verfahren und Produktionsprozesse bzw. für technische Forschungs- und Entwicklungsaktivitäten. Vor allem die Bedeutung der Ingenieure hat mit der Wissensorientierung der Wirtschaftsprozesse stark zugenommen. Ingenieure sind der erste Berufsbereich, bei dem der sich zukünftig verstärkende Fachkräftemangel in besonderer Weise zutage getreten ist. Vor diesem Hintergrund spielt auch die Hochschulausbildung in den sogenannten MINT-Berufen[11] eine besondere Rolle.

Der Anteil der Ingenieure an den Beschäftigten liegt in Deutschland bei 3,1 Prozent[12]. In Ostdeutschland ist der Anteil der Techniker (85[13]) und Ingenieure (82) deutlich unterdurchschnittlich. In Westdeutschland werden sehr viel mehr Techniker (102) und Ingenieure (103) beschäftigt. Bundesweit an der Spitze bei der Beschäftigung von Ingenieuren liegen Baden-Württemberg (135), die Stadtstaaten Bremen (126) und Hamburg (122) sowie die Flächenländer Bayern (116) und Hessen (114). Niedersachsen (88) erreicht hinsichtlich der technischen Qualifikationen das gleiche Niveau wie Nordrhein-Westfalen (88). Mit Abstand folgen Brandenburg (83) und Thüringen (75), Schleswig-Holstein (68) und das Saarland (62) sowie Sachsen-Anhalt (66) und Mecklenburg-Vorpommern (58). Insgesamt liegt damit in Norddeutschland der Anteil von Ingenieuren an den Beschäftigten (93) unter dem Bundesdurchschnitt.

- Der Vorsprung der süddeutschen Regionen im Einsatz von Ingenieurqualifikationen wird zum einen von den großstädtischen Räumen geprägt (Karte 8). Die süddeutschen Regionen Stuttgart und München liegen deutlich über der stärksten norddeutschen Region Braunschweig/Salzgitter/Wolfsburg. Gleiches Niveau erreichen in Süddeutschland Ingolstadt, Nürnberg, Karlsruhe und Regensburg. Mit Abstand folgen die Region Aachen in Nordrhein-Westfalen, der Verdichtungsraum Rhein-Main in Hessen und die Region Göttingen in Norddeutschland. Insgesamt wird damit deutlich, dass die Basis an technischen Qualifikationen in den süddeutschen Regionen ungleich größer ist als in den übrigen westdeutschen Großräumen.

Hans-Ulrich Jung

Karte 8: Regionale Unterschiede der Beschäftigung von Technischen Berufen

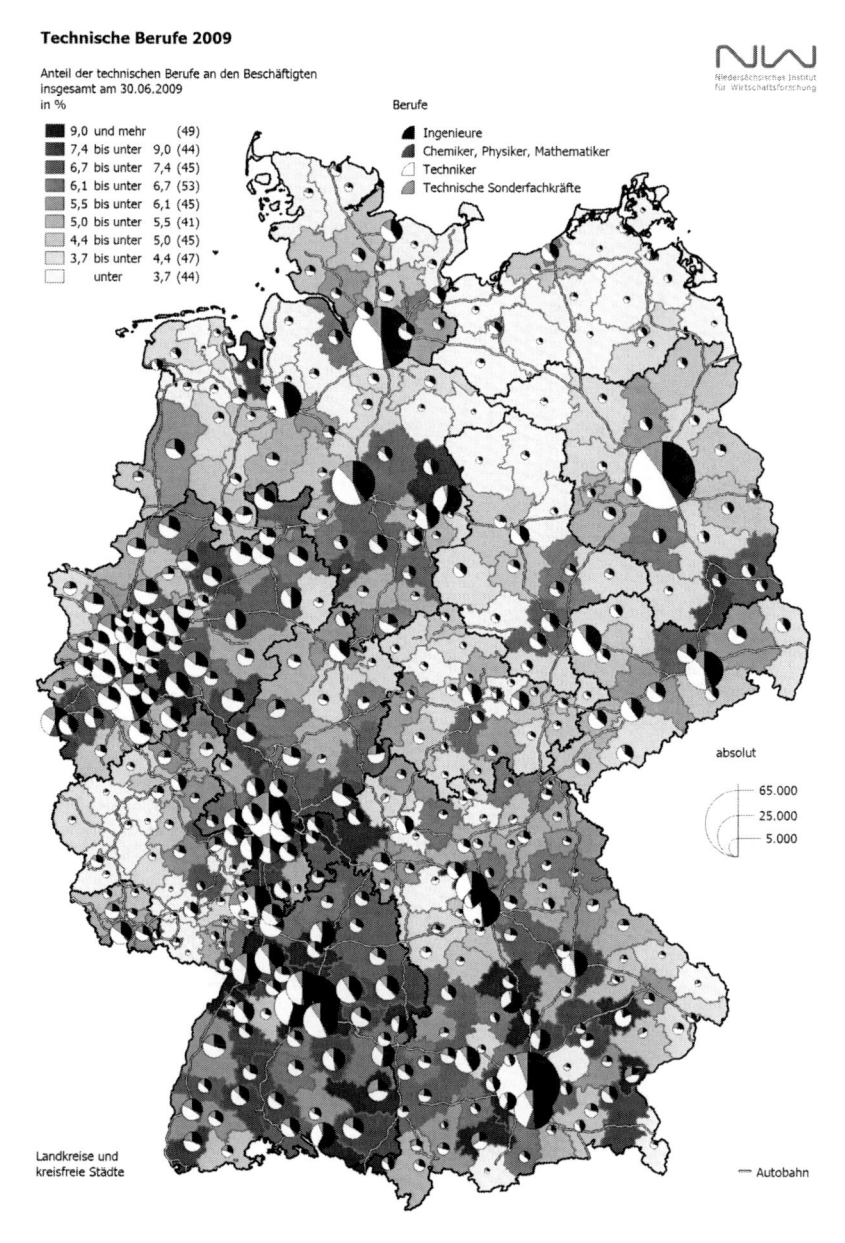

Technische Berufe 2009

Anteil der technischen Berufe an den Beschäftigten
insgesamt am 30.06.2009
in %

- 9,0 und mehr (49)
- 7,4 bis unter 9,0 (44)
- 6,7 bis unter 7,4 (45)
- 6,1 bis unter 6,7 (53)
- 5,5 bis unter 6,1 (45)
- 5,0 bis unter 5,5 (41)
- 4,4 bis unter 5,0 (45)
- 3,7 bis unter 4,4 (47)
- unter 3,7 (44)

NIW
Niedersächsisches Institut
für Wirtschaftsforschung

Berufe
- Ingenieure
- Chemiker, Physiker, Mathematiker
- Techniker
- Technische Sonderfachkräfte

absolut
- 65.000
- 25.000
- 5.000

Landkreise und
kreisfreie Städte

— Autobahn

- Aber auch bei den ländlichen Räumen gibt es einen erheblichen Vorsprung von Süddeutschland. In Norddeutschland verfügen nur wenige ländliche Räume über besonders viele Ingenieurqualifikationen. In Süddeutschland ist dieser Anteil flächendeckend erheblich höher. So haben in Norddeutschland nur sieben Regionen eine Ingenieurquote von mehr als zwei Prozent, im mittleren Deutschland sind es fünf und in Süddeutschland 28 Regionen. Auf der anderen Seite gibt es in allen Teilen Deutschlands ländliche Räume mit geringem Einsatz von Ingenieuren. In Norddeutschland haben zwei ländliche Regionen einen Anteil von weniger als ein Prozent der Beschäftigten, im mittleren Westdeutschland sind es vier und in Süddeutschland sechs Arbeitsmarktregionen.

Die Altersstruktur der Beschäftigten und die Beschäftigungsdynamik stehen in einem engen Zusammenhang. Als Indiz für die Ausweitung von Forschungs- und Entwicklungsaktivitäten in der jüngeren Vergangenheit kann der Anteil der Ingenieure unter 35 Jahre gelten (Karte 9). Danach ist vor allem in den süddeutschen Regionen der Anteil der jungen Ingenieure flächendeckend hoch. Dies gilt vor allem auch für die ländlichen Räume. In Ostdeutschland ist mit Ausnahme der sächsischen Wirtschaftsräume der Anteil der jungen Ingenieure ausgesprochen gering. In Norddeutschland ist der Anteil der jungen Ingenieure vor allem in Bremen und Hannover vergleichsweise gering, Hamburg liegt im oberen Mittelfeld. Auffallend hoch sind die Anteile im Umfeld von Wolfsburg, in den Landkreisen Goslar, Celle sowie vor allem in den westniedersächsischen ländlichen Räumen.

Hochschulen sind im Zuge des innovations- und qualifikationsorientierten Strukturwandels aus mehrfacher Sicht von wachsender Bedeutung. In ihrer Ausbildungsfunktion bilden sie zum einen hochqualifizierte Nachwuchskräfte aus, die in einer Wissensgesellschaft einen der wesentlichen Wettbewerbsfaktoren darstellen. Zum anderen verbreitern sie mit ihrer Grundlagenforschung die Basis des nationalen und internationalen Innovationssystems. Zum Dritten sind sie mit ihrer angewandten Forschung ein wichtiger Partner von Unternehmen bei der Umsetzung von Innovationsprojekten. Entsprechend werden den Hochschulen besondere regionalwirtschaftliche Effekte zugeschrieben.

Im Wintersemester 2009/2010 waren an den deutschen Hochschulen 2,119 Mio. Studierende eingeschrieben. Bezogen auf die Einwohnerzahl lag der Studierenden-

Karte 9: Regionale Unterschiede in der Altersstruktur der Ingenieure

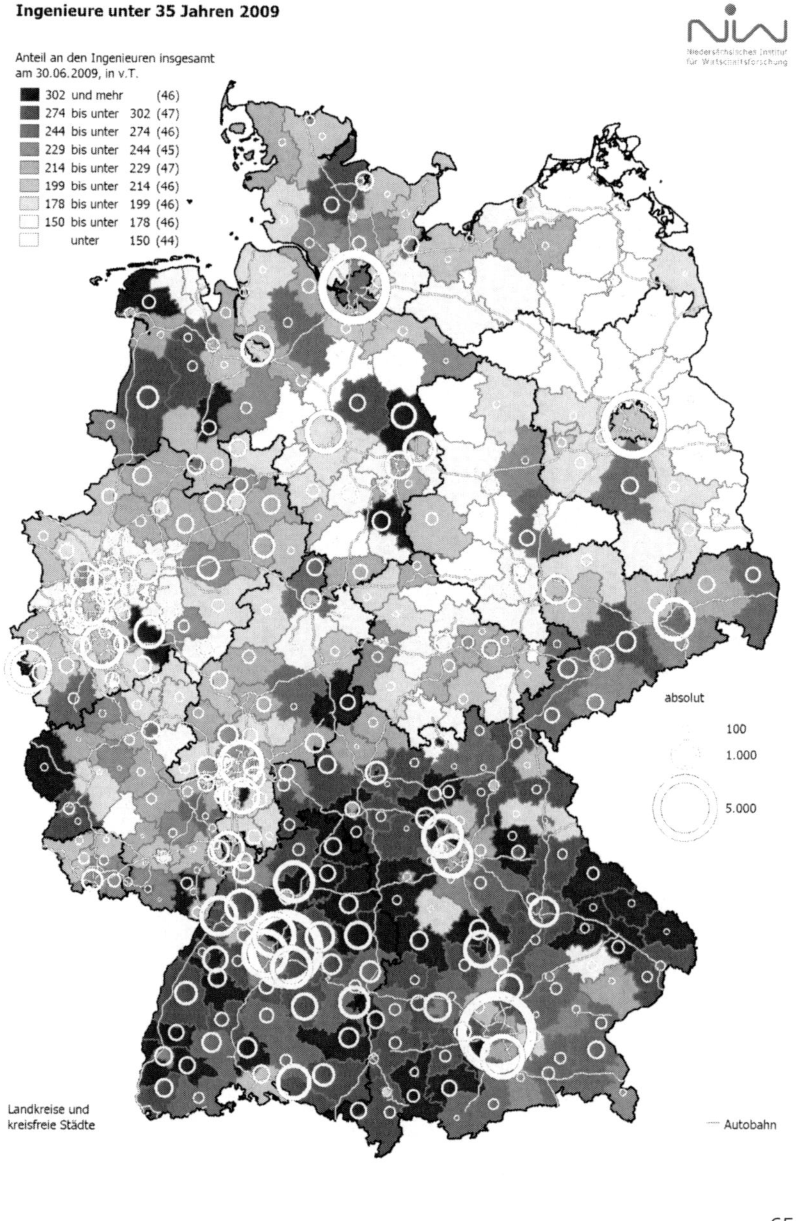

Ingenieure unter 35 Jahren 2009

Anteil an den Ingenieuren insgesamt
am 30.06.2009, in v.T.

- 302 und mehr (46)
- 274 bis unter 302 (47)
- 244 bis unter 274 (46)
- 229 bis unter 244 (45)
- 214 bis unter 229 (47)
- 199 bis unter 214 (46)
- 178 bis unter 199 (46)
- 150 bis unter 178 (46)
- unter 150 (44)

absolut
100
1.000
5.000

Landkreise und
kreisfreie Städte

Autobahn

besatz damit bei 25,9 je 1.000 Einwohner (Abb. 4). In Ostdeutschland war der Studierendenbesatz (104[14]) wegen der besseren Ausstattung mit Hochschuleinrichtungen höher als in Westdeutschland (99). Norddeutschland hatte mit 301.000 Studierenden insgesamt einen Studierendenbesatz (88), der um mehr als ein Zehntel unter dem Bundesdurchschnitt lag. Der Studierendenbesatz übertraf damit in Bremen (180) und Hamburg (164) den Bundesdurchschnitt beträchtlich. In den Flächenländern Niedersachsen (70) und Schleswig-Holstein (68) lag er entsprechend weit darunter. Unter den Bundesländern hatten die beiden norddeutschen Flächenländer damit die schwächste Position nach Brandenburg (76), Bayern (84), Sachsen-Anhalt (86), Saarland (87) und Mecklenburg-Vorpommern (91). Einen überdurchschnittlichen Studierendenbesatz verzeichneten neben den o.g. norddeutschen Stadtstaaten und Berlin (156) die Flächenländer Sachsen (101), Rheinland-Pfalz (106) und Hessen (117).

Abb. 4: Studierende aller Hochschulen

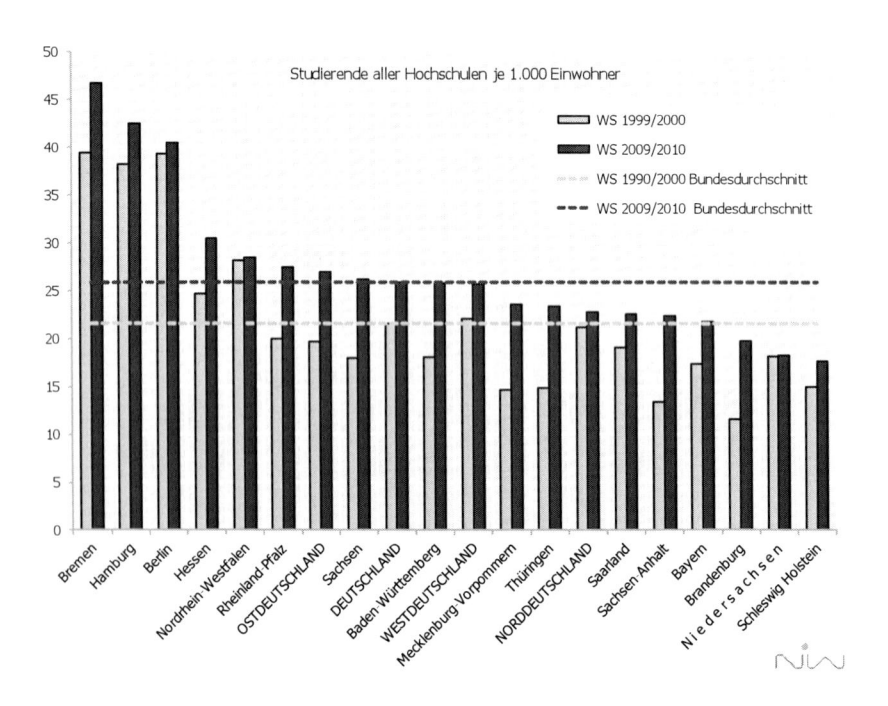

6. Kernergebnisse und Konsequenzen für die regionale Strukturpolitik

Der norddeutsche Raum, der aus den Stadtstaaten Hamburg und Bremen sowie den Flächenländern Schleswig-Holstein und Niedersachsen gebildet wird, unterscheidet sich sowohl hinsichtlich der Raumstruktur als auch der Stärken und Schwächen der Standortbedingungen sowie der demographischen und wirtschaftlichen Gegebenheiten zum Teil deutlich von anderen Regionen in Deutschland. Da die ostdeutschen Bundesländer in vielen demographischen und wirtschaftlichen Feldern nach wie vor erheblich zurückliegen, sind die Positionen der norddeutschen Bundesländer an den westdeutschen Ländern zu messen. Die Messlatte eines ambitionierten Aufholprozesses für Norddeutschland sollten die wachstums- und einkommensstarken süddeutschen Länder sein.

Die wichtigsten Befunde einer Positionsbestimmung der grundlegenden Strukturen und Trends von Bevölkerung, Wirtschaft und Arbeitsmarkt in Norddeutschland sind:
- ein vor allem in den Flächenländern schwächeres Wirtschaftswachstum, aber eine insgesamt dem westdeutschen Trend entsprechende Beschäftigtenentwicklung,
- eine Wirtschaftsstruktur mit einem geringeren Gewicht von wissensintensiven Wirtschaftszweigen,
- eine insgesamt schwächere Arbeitsproduktivität, die vor allem in den Flächenländern zutage tritt,
- seit Langem bestehende überdurchschnittliche Arbeitsmarktprobleme,
- eine gegenüber dem westdeutschen Durchschnitt niedrigere Erwerbsbeteiligung der Frauen,
- deutlich größere soziale Probleme vor allem als in den süddeutschen Ländern,
- ein Defizit an Studierenden an Hochschulen, das sich in einer um mehr als ein Zehntel hinter dem Bundesdurchschnitt zurückbleibenden Relation zwischen Studierenden an norddeutschen Hochschulen und der Einwohnerzahl ausdrückt, sowie zwar wieder steigende, aber auch im überregionalen Vergleich geringere Studienanfängerzahlen,
- eine – bezogen auf den westdeutschen Durchschnitt – geringere Beschäftigung von hochqualifizierten Arbeitnehmern und ein insgesamt hinter dem Bundes-

durchschnitt und deutlich hinter den süddeutschen Ländern zurückbleibender Einsatz von Beschäftigten in technischen Berufen im Allgemeinen und von Ingenieurqualifikationen im Besonderen sowie
- niedrigere Arbeitnehmerentgelte und ein (auch aufgrund der geringeren Erwerbsbeteiligung der Frauen) deutlich hinter dem westdeutschen Durchschnitt zurückbleibendes Niveau des verfügbaren Einkommens.

Der norddeutsche Raum ist darüber hinaus durch eine vielfältige Raumstruktur mit sehr unterschiedlichen Entwicklungsstärken und -schwächen geprägt.
- Hamburg trägt als dynamische Metropole in besonderer Weise zur Stärke von Norddeutschland bei. Die Regionen Bremen und Hannover sowie die von der Mobilitätswirtschaft geprägte Region Braunschweig/Salzgitter/Wolfsburg liegen hinsichtlich ihrer Entwicklungsdynamik im bundesweiten Vergleich allenfalls im Mittelfeld. Unter den mittleren Großstädten haben sich die Regionen Oldenburg, Kiel und Lübeck vergleichsweise gut entwickelt. Die Region Osnabrück hat unter einem tiefgreifenden Strukturwandel gelitten. Die Regionen Göttingen und Hildesheim sind demgegenüber deutlich zurückgeblieben.
- Die ländlichen Räume in Norddeutschland liegen in einem breiten Spannungsfeld sehr unterschiedlicher Standortbedingungen. Das Spektrum reicht vom standortbegünstigten Umland der Großstädte über Regionen entlang der großen Verkehrsachsen des Landes bis hin zu abgelegenen Regionen, die teilweise sehr dünn besiedelt und durch besonders kleine Städte und Gemeinden geprägt sind. Einen bundesweiten Spitzenplatz nehmen die ländlichen Räume im westlichen Niedersachsen ein. Der norddeutsche Küstenraum hat zwar in Teilbereichen immer noch Charakteristika strukturschwacher ländlicher Räume, aufgrund der Wachstumsimpulse der maritimen Wirtschaft (Hafenwirtschaft und Logistik, Energiewirtschaft) gibt es allerdings auch positive Entwicklungen, vor allem in den Hafenstandorten und in ihrem Umfeld. Besondere Problemräume in Norddeutschland mit mehrdimensionalen Struktur- und Entwicklungsproblemen sind demgegenüber das gesamte südliche Niedersachsen mit dem Harz und dem Weserbergland sowie das nordöstliche Niedersachsen.

Hans-Ulrich Jung

Der enge Zusammenhang zwischen Wirtschafts- und Bevölkerungswachstum zeigt deutlich, dass eine Überwindung von Entwicklungsschwächen nur über eine Stimulierung des wirtschaftlichen Wachstums und die Generierung von zukunftsorientierten Beschäftigungsmöglichkeiten möglich sein wird. Die doppelte Aufgabe, einerseits den Rückstand zu den wachstumsstarken Ländern aufzuholen und andererseits die in Norddeutschland besonders ausgeprägten regionalen Unterschiede abzubauen, beschert der regionalen Entwicklungspolitik (in den Flächenländern) ein besonderes Dilemma.

- Zum einen ist ein Aufholen der entwicklungsschwachen Regionen nur über eine Verbesserung der Standortbedingungen (u.a. durch Infrastrukturinvestitionen) sowie vor allem über Investitionen im Unternehmenssektor möglich. Hier geht es einerseits darum, den tatsächlichen Bedarf für Infrastrukturinvestitionen nachzuweisen und auch bei der Förderung von Investitionen auf einen Beitrag zur Modernisierung und Verbesserung der Wirtschaftsstruktur zu achten. Von einer unselektiven Förderung kann langfristig kein Beitrag zum Abbau der regionalen Disparitäten erwartet werden.

- Auf der anderen Seite ist eine dauerhafte Stärkung von Beschäftigung und Einkommen und ein Aufholen gegenüber den wachstumsstarken süddeutschen Ländern nur durch eine konsequente Ausrichtung auf den innovations- und qualifikationsorientierten Strukturwandel möglich. Damit rücken die Aspekte in den Vordergrund, die Norddeutschland im Qualitätswettbewerb der Regionen voranbringen: die Förderung von Bildung und Qualifikation, die Stärkung von Hochschulen und Forschungseinrichtungen sowie besonders die Intensivierung von Forschungs- und Entwicklungsanstrengungen in den Unternehmen. Hier stehen die wirtschaftlichen Kompetenzbereiche der norddeutschen Wirtschaft im Fokus und die wirtschaftlichen Zentren spielen in ihrer Arbeitsteilung mit den umliegenden Regionen naturgemäß eine größere Rolle. In jedem Fall ist eine intensive Begleitung und Evaluation dieser Prozesse im Hinblick auf ihren Beitrag zum Abbau der Entwicklungsrückstände notwendig.

Hans-Ulrich Jung

Anmerkungen

1 Vgl. zum Folgenden auch: Jung, H.-U. und A. Skubowius: Wirtschaftlicher Strukturwandel in Niedersachsen. In: Neues Archiv für Niedersachsen, H. 1, 2011, S. 2-21.
2 Vgl. Regionalbericht Norddeutschland des NIW (2010).
3 Bruttoinlandsprodukt je Einwohner
4 jeweiliger Bundeswert (Deutschland) = 100, 2010
5 Bruttoinlandsprodukt je geleistete Arbeitsstunde der Erwerbstätigen, jeweiliger Bundeswert (Deutschland) = 100, 2008
6 Arbeitslosenquote (Arbeitslose bezogen auf die abhängigen Erwerbspersonen), jeweiliger Bundeswert (Deutschland) = 100, Jahresdurchschnitt 2009
7 Anteil der Beschäftigten am Wohnort an der Bevölkerung im Alter von 18 bis unter 18 Jahren, jeweiliger Bundeswert (Deutschland) = 100, 2009
8 Anteil von Hilfebedürftigen an den Einwohnern unter 65 Jahren, jeweiliger Bundeswert (Deutschland) = 100, Jahresdurchschnitt 2010
9 Abgrenzung hier auf Basis der WZ 2008 (2-Steller); Quelle: Gehrke, B., R. Frietsch, C. Rammer u.a.: Erarbeitung neuer Listen wissens- und technologieintensiver Güter und Wirtschaftszweige. Zwischenbericht zu den NIW/ISI/ZEW-Listen 2010/2011. Hannover/Karlsruhe/Mannheim, Juni 2010
10 Wissensintensität: Anteil der wissensintensiven Wirtschaftszweige an der Beschäftigung insgesamt, jeweiliger Bundeswert (Deutschland) = 100, 2009
11 Mathematik, Informatik, Naturwissenschaften und Technik
12 sozialversicherungspflichtig Beschäftigte, 2009
13 jeweiliger Bundeswert (Deutschland) = 100
14 Studierendenbesatz: Studierende je Einwohner, Bundesdurchschnitt (Deutschland) = 100, Wintersemester 2009/2010

Holger Bornemann

Wo steht die regionale Strukturpolitik im ländlichen und urbanen Raum?

Erläuterungen am Beispiel der EFRE-finanzierten RWB Programme in Deutschland.

Die Debatte um die Fortführung der Kohäsionspolitik nach der aktuellen Förderperiode ab 2014 ist bereits seit geraumer Zeit im vollen Gange. Befeuert wird die Debatte gerade jetzt mit der Vorlage des 5. Kohäsionsberichts und den Schlussfolgerungen, die daraus gezogen werden. Von ganz besonderer Bedeutung ist diese Debatte insbesondere für das Ziel „Regionale Wettbewerbsfähigkeit und Beschäftigung" (kurz RWB) in der nächsten Förderperiode. Die Frage ist nämlich, ob überhaupt – und wenn ja, in welcher Form – die RWB-Förderung fortgesetzt werden soll. Die Debatte ist von besonderer Wichtigkeit, da die Kohäsions- und Strukturpolitik der zweitgrößte Politikbereich der Europäischen Union (EU) ist. Ihr Anteil am EU-Haushalt beträgt rund ein Drittel, im Zeitraum der aktuellen Förderperiode von 2007 bis 2013 sind das in laufenden Preisen insgesamt rund 346 Mrd. Euro. Das Finanzvolumen für die RWB-Gebiete beträgt rund 4.747 Mio. Euro.

Die Frage, die leitend für diesen Beitrag ist, lautet: Wo steht die regionale Strukturpolitik im ländlichen und urbanen Raum? Ich werde diese Frage am Beispiel der EFRE-finanzierten RWB Programme in Deutschland behandeln. Mein Fokus ist somit der EFRE und, räumlich betrachtet, die westdeutschen Bundesländer einschließlich Berlin. Der räumliche Fokus der EFRE-RWB-Programme ist nicht nur der ländliche, sondern auch der urbane Raum, da mit dem EFRE-Maßnahmen in beiden Raumkategorien gefördert werden. Mein Vortrag ist somit eine Ergänzung zu Herrn Dr. Nischwitz, der die ländliche Entwicklungspolitik und den ELER in den Blick genommen hat. Zu bedenken ist, dass die Raumkategorien ländlich und urban deshalb nur begrenzt adäquat für die Beschreibung des Einsatzes des EFRE in der aktuellen Förderperiode sind. Passender sind die Kategorien strukturstarke und strukturschwache Räume.

Ich werde in meinem Vortrag folgende Fragen behandeln: Welche Begründungen und Bedarfe gibt es für die Förderung? Was hat die Förderung geleistet? Welche Entwicklungen haben sich in dieser Förderperiode ergeben, die die aktuelle Förderperiode von der letzten Förderperiode unterscheiden? Welche neuen Verfahren zur Projektauswahl werden eingesetzt? Welche Ebenen sind in der Umsetzung sinnvoll? Welche neuen Förderinstrumente sind in den EFRE in der aktuellen Förderperiode integriert worden?

Die Ausführungen basieren auf mehreren Studien, die die Prognos AG in diesem und im letzten Jahr angefertigt hat. So hatte uns das Bundesministerium für Wirtschaft und Technologie im letzten Jahr mit der Studie „Umsetzung des Ziels Regionale Wettbewerbsfähigkeit und Beschäftigung im Rahmen der europäischen Strukturpolitik und Handlungsoptionen für seine Fortführung in der Förderperiode 2014-2020" beauftragt. Wir haben in der Studie die RWB-Programme betrachtet, die aus dem EFRE finanziert worden sind. Zudem fließen insb. die Studien „Halbzeitbewertung der EFRE-Programme des Landes Niedersachsen"; Auftraggeber: Ministerium für Wirtschaft, Arbeit und Verkehr, Niedersachsen; Hamburg 2010 und „Analyse zu den Wirkungen der EFRE-Förderung auf das regionale Innovationssystem im Land Bremen und daraus abgeleitete Handlungsoptionen für die Fortführung des RWB-Ziels nach 2013"; Auftraggeber: Der Senator für Wirtschaft und Häfen des Landes Bremen; Bremen 2009 ein. Da es nicht möglich ist, sämtliche Ergebnisse der Studien in diesem Rahmen zu präsentieren, möchte ich mich auf Ergebnisse konzentrieren, die einen guten Blick auf die Leistungen der RWB-EFRE-Programme und auch die realisierten Programminnovationen im Hinblick auf Inhalte und Begleitstrukturen geben.

Um es vorweg zu nehmen: die Ergebnisse unserer Studien zeigen, dass es gute Gründe für eine Fortsetzung der Kohäsionspolitik auch in den entwickelteren Mitgliedsstaaten und deren Regionen gibt. Die EU-Strukturpolitik wirkt in Deutschland für Europa!

Holger Bornemann

Wiederkehrende Strukturprobleme und neue Herausforderungen

Kommen wir zu einer ersten Feststellung. Auch in einem hoch entwickelten Land wie Deutschland treten Strukturprobleme wiederkehrend auf, und es sind immer wieder neue Herausforderungen zu meistern. Die *sozioökonomische Situation* Westdeutschlands zeigt, dass Strukturprobleme in verschiedenen Teilregionen und Sektoren fortbestehen. So liegen z.b. besonders ländliche Regionen beim Produktivitätsniveau zurück, während andere Regionen eine hohe Arbeitslosenquote haben. Die Produktivität pro Arbeitskraft in ländlichen Regionen liegt in Westdeutschland momentan bei ca. 45.000 Euro wie z.b. im Landkreis Wittmund in Niedersachsen. Im Gegensatz dazu liegt die Produktivität pro Arbeitskraft in metropolitanen Gebieten bei etwa 80.000 Euro – wie in Frankfurt und Düsseldorf – und bei bis zu 115.000 Euro in München. Die Arbeitslosigkeit ist mit einer Rate von 15 bis 17 Prozent in einigen Regionen mehr als drei Mal so hoch, wie in den am besten entwickelten Gebieten Westdeutschlands. Auf der einen Seite lag die Arbeitslosenquote z.b. in Bremerhaven oder Gelsenkirchen 2009 bei knapp 17 Prozent und in Flensburg und Dortmund bei etwa 15 Prozent. Im Vergleich dazu lag die Arbeitslosigkeit in einigen Kreisen Bayerns bei weniger als vier Prozent, was nahezu einer Vollbeschäftigung entspricht.

Ein weiterer Aspekt ist, dass bestimmte Industriebereiche in Westdeutschland von Strukturkrisen betroffen sind. Ein aktuelles Beispiel ist die Automobilindustrie. Mehr als 60.000 Arbeitsplätze gingen in den letzten beiden Jahren verloren. Zudem konnte mit der Entwicklung grüner Mobilitätstechnologien, welche insbesondere von Japan vorangetrieben wurde und wird, nicht Schritt gehalten werden. Ein weiteres Beispiel ist die Telekommunikationsbranche in Westdeutschland. Immer mehr Produktionsstätten werden geschlossen, wie der Standort von Nokia in Bochum oder der Standort von Motorola in Flensburg zeigen.

Darüber hinaus müssen diese Regionen kontinuierlich neue Herausforderungen bewältigen, um ihre Wettbewerbsfähigkeit weltweit zu sichern und zu verbessern. Die Europäische Kommission nennt in diesem Zusammenhang die folgenden Herausforderungen als besondere Herausforderungen: Der demographischer Wandel, die Globalisierung, die Energiesicherheit und der Klimaschutz.

Holger Bornemann

Ganze Regionen sind vor diese Herausforderungen gestellt. Betrachtet man, wie viele Regionen gleichzeitig von allen Herausforderungen betroffen sind, so zeigt sich, dass in Deutschland weniger Regionen ein multiples Risiko aufweisen als in anderen Mitgliedsstaaten. Allerdings gilt die Herausforderung der Globalisierung für alle Regionen. Sie ist insbesondere von den stärkeren Regionen zu lösen. Die Einbindung Deutschlands als Hochlohnland in die internationale Arbeitsteilung setzt eine hoch-wettbewerbsfähige Wirtschaft voraus. Die wettbewerbsfähigsten Regionalökonomien sind im europäischen Maßstab in den entwickelteren Mitgliedsstaaten zu finden. Die Verbesserung der Wettbewerbsfähigkeit in der Europäischen Union ist damit eine Zielstellung, die exzellent mit einem RWB-Ziel aufgegriffen werden kann.

In den strukturschwächeren Regionen Westdeutschlands mangelt es häufig an den nötigen Voraussetzungen, um die Herausforderungen anzugehen. Hier helfen die finanziellen Mittel der Strukturfonds weiter, um mit geförderten Projekten auf die Potenzialfaktoren für Wachstum einzuwirken. Man kann also festhalten, dass auch westdeutsche Regionen mit strukturellen Herausforderungen und immer wiederkehrenden Strukturproblemen zu kämpfen haben, die die Notwendigkeit für eine Wirtschaftspolitik belegen. Diese Feststellung gilt heute und auch für die nächste Förderperiode.

Zielsetzungen der Förderung

Die Kohäsions- und Strukturpolitik als zweitgrößter Politikbereich der Europäischen Union (EU) soll ihren wirtschaftlichen und sozialen Zusammenhalt stärken. In der aktuellen Förderperiode wird in den alten Bundesländern und Berlin die EU-Strukturpolitik mit dem Ziel „Regionale Wettbewerbsfähigkeit und Beschäftigung" (RWB) umgesetzt. Das Finanzvolumen für die RWB-Gebiete beträgt rund 4.747 Mio. Euro. Mit den Interventionen sollen stärker als in der vorherigen Förderperiode Wachstum und Beschäftigung in allen Regionen unterstützt und somit zur Zielsetzung der wachstumsorientierten Lissabon-Strategie beigetragen werden. Ein immer wieder gehörter Vorwurf gegenüber der Strukturpolitik ist, dass die EFRE-Mittel mit der Gießkanne über das Land verteilt werden, keine systematische Zielverfolgung stattfinde, sie kaum positive Auswirkungen hätten oder auch nicht hinreichend zum sogenannten „europäischen Mehrwert" beitrügen. Deshalb ist es wichtig, sich einmal mit den Zielsetzungen der Strukturpolitik vertraut zu machen. Was sind nun die Ziele der Strukturpolitik in Deutschland?

Die Ziele der deutschen Strategie sind grundgelegt im Nationalen strategischen Rahmenplan (NSRP). Dieser sieht unterschiedliche strategische Ziele vor. „In Abhängigkeit der regionalen Unterschiede im Entwicklungsstand unterscheiden sich die angestrebten Oberziele. In den ostdeutschen Regionen und in der NUTS II-Region Lüneburg besteht das Oberziel in einer Beschleunigung des Konvergenzprozesses, um den Entwicklungsrückstand in den erwirtschafteten Einkommen und den Erwerbsmöglichkeiten zu reduzieren, während in den übrigen Regionen die Stärkung der regionalen Wettbewerbfähigkeit und der Beschäftigung das angestrebte Oberziel der EU-Strukturfonds ist." (BMWi, NSRP S. 32.)

Abb. 1: Zielsystem der deutschen Entwicklungsstrategie

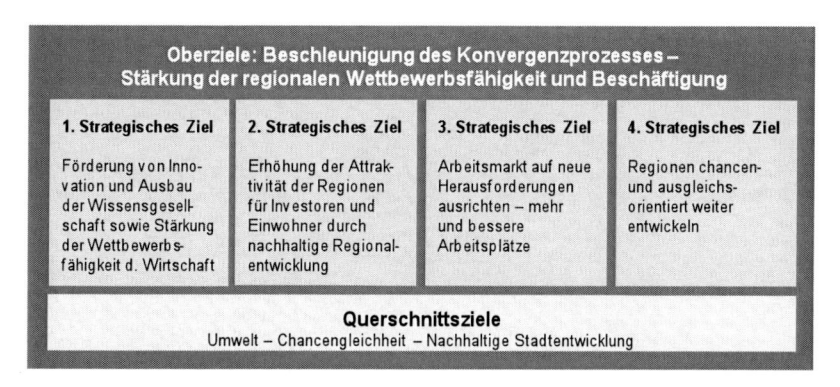

Oberziele: Beschleunigung des Konvergenzprozesses – Stärkung der regionalen Wettbewerbsfähigkeit und Beschäftigung			
1. Strategisches Ziel	**2. Strategisches Ziel**	**3. Strategisches Ziel**	**4. Strategisches Ziel**
Förderung von Innovation und Ausbau der Wissensgesellschaft sowie Stärkung der Wettbewerbsfähigkeit d. Wirtschaft	Erhöhung der Attraktivität der Regionen für Investoren und Einwohner durch nachhaltige Regionalentwicklung	Arbeitsmarkt auf neue Herausforderungen ausrichten – mehr und bessere Arbeitsplätze	Regionen chancen- und ausgleichsorientiert weiter entwickeln
Querschnittsziele Umwelt – Chancengleichheit – Nachhaltige Stadtentwicklung			

Quelle: BMWi NSRP (2007), S. 32.

Darunter fächert sich das Zielsystem auf in unterschiedliche strategische Ziele: 1. Förderung von Innovation und Ausbau der Wissensgesellschaft sowie Stärkung der Wettbewerbsfähigkeit der Wirtschaft; 2. Erhöhung der Attraktivität von Regionen für Investitionen und Arbeitskräfte; 3. Arbeitsmarkt auf neue Herausforderungen ausrichten – mehr und bessere Arbeitsplätze sowie 4. Regionen chancen- und ausgleichsorientiert weiterentwickeln. Quer dazu liegen, wie in der Strukturpolitik der vergangenen Jahre auch, die Querschnittsziele.

Ein systematisch aufgebauter Politikansatz müsste ein Zielsystem formulieren, das die aus der sozioökonomischen Ausgangslage abgeleiteten Förderbedarfe aufgreift. Dies scheint der Fall zu sein, wenn man das Zielsystem mit der oben geschilderten Ausgangslage und den genannten Herausforderungen vergleicht.

Strukturwirksame Effekte durch die EFRE RWB Programme

Kommen wir zu einer weiteren Feststellung: Der Einsatz von Mitteln aus dem EFRE führt zu strukturellen Effekten in der Wirtschaft. Unsere Forschung zeigt, dass die EFRE RWB Programme helfen, die Wissensintensität und das Technologieniveau der Wirtschaft zu erhöhen, engere Bindungen zwischen Unternehmen und Wissenschaft mit Hilfe von FuE-Projekten zu begünstigen, Netzwerke und Clusterstrukturen aufzubauen und regionale Innovationssysteme zu entwickeln.

Abb. 2: Geplante Verwendung der Mittel der EFRE-RWB-Programme auf Interventionsbereiche

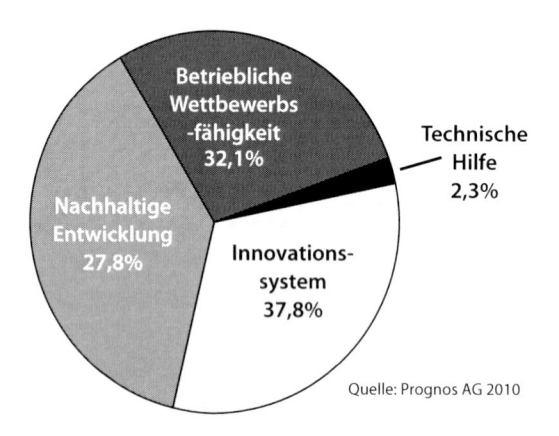

- Betriebliche Wettbewerbs-fähigkeit 32,1%
- Technische Hilfe 2,3%
- Nachhaltige Entwicklung 27,8%
- Innovationssystem 37,8%

Quelle: Prognos AG 2010

Nach den Programmplanungen sollen in Westdeutschland annähernd 40 Prozent der RWB-Budgets (das ergibt 1.794,1 Mio. Euro) unmittelbar für FuE-Maßnahmen ausgegeben werden. (Quelle: Prognos, Zukunft der RWB-Förderung, 2010.) Damit werden für diesen Bereich die meisten Mittel aufgewendet und die Herausforderungen, die sich aus den globalisierten Märkten und der Wissensintensität ergeben, prioritär aufgegriffen. Für den Bereich der betrieblichen Wettbewerbsfähigkeit wird ein Drittel der Mittel aufgewendet. Darunter fallen die Investitionsförderung, aber auch viele Maßnahmen der Infrastrukturförderung.

Ohne auf sämtliche Effekte im Einzelnen einzugehen, möchte ich anhand des Beispiels der Umsetzung der beiden EFRE-Programme in Niedersachsen darstellen, was mit dem EFRE in der aktuellen Förderperiode bis Ende des Jahres 2010 geschaffen wurde. Es wird anhand der Zahlen deutlich, dass ein Kernziel der Politik die Schaffung und Sicherung von Arbeitsplätzen ist: ca. 1.300 Arbeitsplätze wurden neu geschaffen und ca. 14.000 gesichert. Mit den Interventionen sind 371 Millionen privates Investitionsvolumen angeregt worden. 361 neue Produkte, Verfahren oder Dienstleistungen wurden gefördert und damit auch hier die Wachstumsfaktoren FuE und Wissen adressiert. Es sind 795 betriebswirtschaftliche Beratungen umgesetzt worden, 105 Existenzgründungen durch Beratung unterstützt und 67 technologieorientierte Existenzgründen initiiert worden. Zudem wurden 342 ha Gewerbeflächen geschaffen oder aufgewertet, 35 Tourismus-Projekte unterschiedlichster Größenordnung und 87 Vorhaben zur nachhaltigen Stadtentwicklung unterstützt. (Quelle: Prognos, NIW, SMC, Halbzeitbewertung 2010.) Das zeigt, dass das Spektrum der Maßnahmen und Wirkungen sehr breit gefächert ist. Genau dies ist ein Vorwurf, dem sich die EFRE-Förderung häufig ausgesetzt sieht. Die Förderung sei ein bunter Blumenstrauß, der alle denkbaren Maßnahmen enthalte. Die Frage des Maßes der Konzentration der Förderung ist eine wichtige Frage für die Zukunft der europäischen Strukturpolitik nach dem Ziel RWB.

Ein gutes Beispiel für eine Förderung, die einen integrierten Ansatz verfolgt und dabei das breite Spektrum der unterschiedlichen Förderinstrumente des EFRE nutzt, ist die Förderung des Windenergieclusters im Land Bremen. Ziel war und ist es, einen Beitrag zur Anpassung an die strukturellen Krisen in Bremen zu erreichen, und mit der Entwicklung der Offshore-Windkraftindustrie einen wichtigen Beitrag zum strukturellen Wandel zu leisten. Lassen Sie uns das Beispiel der EFRE-Unterstützung in Bremerhaven näher betrachten. (Quelle: Prognos, Wirkungen der EFRE-Förderung auf das regionale Innovationssytem im Land Bremen.) In Bremerhaven wurde ein breites Spektrum von Maßnahmen verwendet, um das Regionale Innovationssystem für die Offshore-Windenergie zu entwickeln. Welche Maßnahmen sind mit Hilfe des EFRE unterstützt worden?

- FuE-Projekte als Verbund- und Kooperationsvorhaben (z. B. im Rahmen des Programms Angewandte Umweltforschung AUF und des Programms zur Förderung angewandter Umwelttechniken PFAU)
- Ansiedlung und Erweiterung von Forschungseinrichtungen (z. B. Aufbau des Fraunhofer-Instituts für Windenergie und Energiesystemtechnik IWES)
- Schaffung von Transferinfrastrukturen und Netzwerken (z. B. Aufbau der Windenergieagentur Bremerhaven WAB)
- Gewerbliche Infrastrukturmaßnahmen (z. B. branchenspezifische Ausrichtung des Industriegebiets Bremerhaven-Luneort einschließlich Schwerlastertüchtigung Luneort)
- Einzelbetriebliche Unternehmensförderung (z. B. auf Basis der Gemeinschaftsaufgabe zur Verbesserung der regionalen Wirtschaftsstruktur GRW)

Das EFRE-RWB-Programm half spezifische infrastrukturelle Engpässe für die Entwicklung in der Region zu beseitigen. Das Beispiel zeigt, dass die Entwicklung der Offshore-Windenergieindustrie in Bremerhaven eine neue Hafeninfrastruktur brauchte und auch nach wie vor benötigt, um die schweren Lasten der Windkraftanlagen zu bewältigen. Die zu verschiffenden Komponenten wiegen bis zu 1.000 Tonnen. Außerdem zeigt das Beispiel, dass das EFRE-RWB-Programm half, die Entwicklung von neuen Produkten und Dienstleistungen zu beschleunigen und sicherzustellen, dass die Exportfähigkeit der Wirtschaft in der Nordwestregion verbessert wird oder auf einem hohen Niveau bleibt. Auch die Fähigkeit der sehr strukturschwachen Region Bremerhaven-Cuxhaven den Trend zur Globalisierung zu nutzen, ist gestärkt worden.

Das zeigen auch weitere Zahlen aus dem Beispiel Bremerhaven:
- seit dem Jahr 2000 sind 26,5 Mio. Euro EFRE-Mittel in Kompetenzfeldentwicklung investiert worden, die Gesamtinvestitionen von 93 Mio. Euro ausgelöst haben;
- Ansiedlung zahlreicher Marktführer aus der Branche und Aufbau von Entwicklungs- und Produktionsstätten (AREVA Multibrid, Powerplades GmbH, REPower Systems AG, WeserWind GmbH;
- Anstieg der Beschäftigung von ca. 50 Beschäftigten in 2002 auf ca. 1.100 Beschäftigte in 2009.

Die Offshore-Windenergieindustrie in Bremen und im Nordwesten ist gut positioniert, wettbewerbsfähig und wächst. Das Beispiel zeigt, dass die EFRE-Förderung sehr hohe Strukturwirkungen aufweisen kann. Auch sieht man, dass mit den EFRE-RWB-Programmen in Deutschland mit einem erheblichen Mittelanteil eine ganze Reihe von Wachstumsfaktoren adressiert werden, die für die strukturelle Entwicklung der Union von höchster Bedeutung sind.

Ein weiteres strukturelles Ziel der EFRE-Förderung besteht in der Verbesserung der Wettbewerbsfähigkeit insbesondere in den strukturschwächsten Regionen Deutschlands. Die EFRE-RWB-Programme unterstützen die Modernisierung des Produktionspotenzials bzw. des Kapitalstocks insbesondere in den strukturschwächsten Regionen Westdeutschlands. Wie wir gesehen haben, bleibt die Produktivität in einigen Regionen hinter derjenigen anderer Regionen zurück, und die Arbeitslosenquote ist in manchen Regionen mehr als drei Mal so hoch wie in den am besten entwickelten Regionen Westdeutschlands. In Deutschland werden seit langem die strukturschwächsten Regionen im Rahmen der „Gemeinschaftsaufgabe zur Verbesserung der regionalen Wirtschaftsstruktur" gefördert. Das Ziel hierbei lautet, die regionale Produktivität und die Wettbewerbsfähigkeit des privaten Sektors sowie das regionale Einkommen anzuheben. Die Förderung ist auf diese ausgewählten Gebiete begrenzt. Die EFRE-Förderung erlaubt in der aktuellen Förderperiode dagegen die Förderung von „produktiven Investitionen" auch außerhalb der GRW-Gebiete. Dennoch werden die Mittel überwiegend für die produktiven Investitionen in den GRW-Gebieten eingesetzt. Eine gleichmäßige Verteilung dieser Fördermittel über alle Regionen in Westdeutschland ist nicht festzustellen. Es ist vielmehr eine Konzentration der betrieblichen Investitionsförderung in den Bundesländern zu beobachten. In den EFRE-Programmen ist dieser Fakt allerdings nicht programmatisch in allen Ländern verankert. Deshalb stellen wir uns vor, die produktiven Investitionen noch stärker als bisher regional zu konzentrieren und als Prinzip auch in der EFRE-Förderung programmatisch stärker als bisher zu verankern.

Holger Bornemann

Bindender Effekt der europäischen Strukturpolitik: Ausrichtung nationaler Prioritäten und des Budgets an europäischen Zielen

Nun möchte ich zum nächsten Punkt kommen, und einen Blick auf Politikprioritäten und Budgets werfen. Die EFRE-Förderung muss mit nationalen Mitteln kofinanziert werden. Infolge des Kofinanzierungsprinzips greift die in den Mitgliedsstaaten umgesetzte Struktur- und Regionalpolitik notwendigerweise die europäischen Zielsetzungen wie der Lissabon- oder Göteborg-Strategie auf. Ohne die RWB-Förderung ist die Orientierung nationaler staatlicher Politiken an europäischen Zielsetzungen damit weniger wahrscheinlich. Werfen wir einen Blick auf die Umsetzung der Lissabon-Strategie in den Programmplanungen. Entsprechend der Programmplanung liegt das beabsichtigte gemeinsame Earmarking der RWB-Länder in Deutschland bei rd. 66 Prozent der RWB-EFRE Budgets in Westdeutschland. (Quelle: BMWi (o. J.): Deutschland. Kohäsionspolitik 2007-2013, URL: *http://ec.europa.eu/re gional_policy/atlas2007/fiche/de_de.pdf*, 29.01.2010.) Laut uns vorliegender Einschätzungen der Fondsverwaltungen handelt es sich mit dieser Quote um einen nennenswert höheren Anteil als noch in der letzten Förderperiode für vergleichbare Ausgaben getätigt wurden. Folglich hat sich das Wesen der EFRE-Programme im Vergleich zur letzten Periode geändert. Mit der Quote von 66Prozent liegt Deutschland jedoch nur im Mittelfeld aller Staaten mit RWB-Gebiete. Unter anderem Irland, das Vereinigte Königreich, Österreich und die skandinavischen Mitgliedsstaaten haben sich mit Earmarkings bis an die 90 Prozent ambitioniertere Ziele gesetzt als Deutschland. Auch das im Zuge des Genehmigungsprozesses erzielte Earmarking der RWB-Länder innerhalb Deutschlands unterscheidet sich z.T. deutlich und reicht von 84,7 Prozent im rheinland-pfälzischen EFRE-OP bis zu 59,0 Prozent im OP für den Einsatz des EFRE in Bayern.

Betrachtet man die bis zum Ende des Jahres 2009 getätigten Mittelbewilligungen für Projekte, so wurde eine Earmarking-Quote von etwa 75 Prozent in den RWB-Programmen Deutschlands erreicht und damit die geplante Quote deutlich übertroffen. Allerdings sind in dieser Betrachtung die im Zusammenhang mit der Lissabon-Diskussion problematisierte Ausgabenkategorie 8 „sonstige Unternehmensinvestitionen" enthalten. Würde man diese Ausgabenkategorie heraus rechnen, so läge die Quote nur bei ca. 50 Prozent. In Abhängigkeit von den regionalen Voraussetzungen und der Ausrichtung anderer Politiken in den Bundesländern, könnten die Ausgabequoten für diesen Politikbereich deshalb noch höher ausfallen. Allerdings ist hier wirklich das gesamte Spektrum wirtschaftspolitischer Maßnahmen zu betrachten, die in einem Bundesland umgesetzt werden, um zu einer angemessenen Bewertung für den Einzelfall zu gelangen. Eine Partialbetrachtung reicht hier nicht aus.

Der im Rahmen der europäischen Strukturpolitik angewendete Programmierungsprozess führt dazu, dass in die nationalen Operationellen Programme europäische Ziele integriert sind. Ich stelle die These auf: Gäbe es die europäischen Politikziele und die europäischen Ansprüche an die Programmatik und den Planungsprozess nicht, würden die Politikplanung und die konkrete Ausgestaltung der Strukturpolitik in Deutschland anders aussehen. Insofern bin ich der Auffassung, dass die Europäische Union mit dem Politikansatz der Kohäsionspolitik die nationale Wirtschaftspolitik bisher schon verändert hat. Zusätzlich kann man die Frage stellen, ob die Veränderung bereits groß genug ist. Die Beantwortung dieser Frage hängt vom Blickwinkel und den Interessen der Akteure auf den unterschiedlichen Ebenen ab und würde vermutlich von den verschiedenen Akteuren unterschiedlich beantwortet werden. Aber es kann eine klare Einschätzung gegeben werden: Die europäische Strukturpolitik steuert die nationale Wirtschaftspolitik und trägt damit zur Erreichung europäischer Ziele bei. Damit verfügt die Strukturpolitik auch über einen europäischen Mehrwert.

Das Mehrebenensystem in der Kohäsionspolitik ist auch ein Thema dieser Tagung. An der Planung und Umsetzung der Strukturpolitik sind verschiedene Ebenen beteiligt: die Europäische Kommission mit den verschiedenen Generaldirektionen, die Bundesländer, das Bundeswirtschaftsministerium. Die regionale Ebene ist heute auch schon angesprochen worden. Es stellt sich die Frage, wie weit kann eine regionale Beteiligung gehen? Niedersachsen hat mit den sogenannten Regionalisierten Teilbudgets (RTB) in der aktuellen Förderperiode einen neuen Weg der Beteiligung der regionalen Ebene gewählt. Das Land Niedersachsen stellt jedem Landkreis ein EFRE-Budget von 2,5 Mio. Euro in RWB-Gebieten bzw. 3,5 Mio. Euro in Konvergenzgebieten zur Verfügung. Die Landkreise haben das Recht zu entscheiden, für welche Projekte die Mittel bewilligt werden. Für die Umsetzung dieses Ansatzes bestanden in Niedersachsen in der aktuellen Förderperiode allerdings sehr günstige

Voraussetzungen. Die Klassifizierung des Raumes Lüneburg als ein Konvergenzgebiet vergrößerte die in Niedersachsen zur Verfügung stehenden EFRE-Mittel beträchtlich, so dass die Möglichkeit bestand, regionalen Entscheidungsträgern Kompetenzen einzuräumen, ohne den finanziellen Spielraum für die Akteure auf der Landesebene zu verringern. Der Topf war groß genug. Diese günstigen Voraussetzungen werden in der nächsten Förderperiode nicht wieder eintreffen, und eine Wiederholung dieses Ansatzes ist schon deshalb unrealistisch. Aber auch aus einem anderen Grund wird es schwierig sein, die Verantwortlichkeit grundsätzlich auf die Ebene unterhalb der Bundesländer zu verlagern. Unsere Betrachtungen in Niedersachsen zeigen, dass Zielstellungen mit landespolitischer Stoßrichtung, innovationsorientierte Zielstellungen in einem geringeren Maße erreicht werden. (Quelle: Prognos; NIW, SMC; Sonderuntersuchung zu den „Regionalisierten Teilbudgets.) So sind unterdurchschnittliche Beiträge zur Zielsetzung der Verbesserung der internationalen Wettbewerbsfähigkeit Niedersachsens aufgrund folgender Aspekte zu erwarten:
- Branchenausrichtung auf Unternehmen mit überwiegend regionalen Absatzmärkten,
- Kleinstunternehmen mit unterdurchschnittlicher Einbindung in die internationale Arbeitsteilung,
- Bewertung des Innovationscharakters eher aus regionaler Perspektive als mit den Maßstäben der Landesförderung
- Bei der Wirkungseinschätzung Beachtung der geringen Förderquoten (Gefahr von Mitnahmeeffekten).

Zudem ist die Anzahl der eingereichten Projekte, aus der ausgewählt werden kann, auf der regionalen Ebene kleiner. Damit steigt die Wahrscheinlichkeit aus einer geringen Qualität auswählen zu müssen. Insofern ist von einer prinzipiellen Verlagerung der Verantwortung auf die Landkreisebene abzuraten. RTB oder eine andere Form der Verlagerung kann deshalb nur ein ergänzendes Instrument bzw. Verfahren für die Strukturpolitik in Deutschlandsein.

Ergebnis: Einführung von innovativen Finanzinstrumenten zur Beseitigung von bestehenden Engpässe in der Finanzierungskette

An dieser Stelle möchte ich mich den sogenannten innovativen Finanzinstrumenten zuwenden. In der aktuellen Förderperiode wurden EFRE-Mittel zunehmend in revolvierende Fonds investiert. Bis Ende des Jahres 2009 sind etwa 300 Millionen EUR der EFRE-Mittel in Fremdkapital- und Risikokapitalfonds geflossen. Dies erzeugte insgesamt einen Betrag von ca. 660 Millionen Euro, der zur Finanzierung von Projekten zur Verfügung steht. (Quelle: Prognos, Zukunft der RWB-Förderung, 2010.)

Abb. 3: *Einsatz innovativer Finanzierungsinstrumente in den RWB-EFRE-Programmen Deutschlands*

Land	Fondsvolumina in Mio. EUR (Ziel bis 2013)		Fondsvolumina in Mio. EUR (Ist 2008)		Code 02 – Rückzahlbare Unterstützung	Code 03 – Risikokapital	EFRE-Anteil Fondsvolumina (Ziel bis 2013) am EFRE-Gesamtvolumen in %
	EFRE	Gesamt	EFRE	Gesamt			
Bayern	55,0	110,0	45,6	93,5	x	x	9,5
Berlin	91,0	182,1	56,0	112,0	x	x	10,4
Hessen	25,0	64,0	30,0	60,0		x	9,5
Niedersachsen	57,0	114,0	0,0	0,0	x	x	8,9
Nordrhein-Westfalen	36,0	72,0	0,0	0,0	x		2,8
Rheinland-Pfalz	10,0	72,0	3,5	7,0		x	4,6
Schleswig-Holstein	21,0	48,0	21,0	48,0		x	5,6
Gesamt	295,0	662,1	156,1	320,5		8,1	

Quelle: Prognos AG 2010

Daraus ergeben sich rund acht Prozent aller EFRE-Investitionen der RWB-Programme in Westdeutschland. Damit wird der Anteil der reinen Subventionsförderung reduziert, wobei die acht Prozent, für sich betrachtet, noch kein hoher Anteil sind. Es zeigt sich, dass der EFRE neue Finanzinstrumente einsetzt und damit Finanzierungsinnovationen realisiert.

Im Hinblick auf die Begründung für die Einführung dieser Finanzierungsinstrumente ist die Frage zu stellen, welche Engpässe im Finanzierungssystem damit behandelt werden sollen und können. Verschiedene Studien zeigen, dass vor allem für Risikokapital und Mikrokredite ein anhaltender Bedarf besteht, der nicht durch das private Bankensystem allein gedeckt wird. Die realisierten EFRE-Fonds decken diesen Bedarf ab. Im Hinblick auf die Darlehensinstrumente, die nur aus einer kleinen Zinssubvention bestehen, ist eher davon auszugehen, dass in Deutschland dafür kein genereller Förderbedarf besteht. Von einer generellen Kreditknappheit in konjunkturell normalen Zeiten kann in Deutschland wohl eher nicht gesprochen werden. Deshalb sollten Darlehensfonds nur dann eingesetzt werden, wenn diese einen spezifischen Nachteil ausgleichen, z.B. Versorgungsengpässe während einer Konjunkturkrise oder Haftungsvorteile für Unternehmen in spezifischen Situationen gegeben sind. Diese Frage kann letztlich nur in der jeweiligen spezifischen Situation entschieden werden.

Eine weitere Erhöhung dieser Fonds in der zweiten Hälfte der Förderperiode ist generell möglich, hängt jedoch von den spezifischen Engpässen in der Wertschöpfungskette ab, insbesondere für KMU. Die Weiterentwicklung der Wirtschafts- und Finanzkrise im Banken- und Finanzsystem wird ebenso eine Rolle spielen wie mögliche Liquiditätsprobleme, die daraus entstehen könnten (Kreditverknappung). Im Falle von Darlehen ist nicht ganz klar, ob nach wie vor die Notwendigkeit für diese Instrumente besteht, wenn die Finanzkrise vorüber ist. In diesem Falle müssen wir berücksichtigen, welchen Effekt BASEL 3 haben wird.

Neue Projektauswahlverfahren eingeführt

Im Hinblick auf Projektauswahlverfahren sind Neuerungen in der aktuellen Förderperiode eingeführt bzw. auf eine breitere Basis gestellt worden. Grundsätzlich dienen die Auswahlverfahren dazu, die Förderwürdigkeit und Förderfähigkeit der Projekte zu bewerten. Die Bewertung wird mit unterschiedlichen Verfahren durchgeführt. Im klassischen Verfahren wird eine Prüfung vorgenommen, ob die beantragten Projekte die gestellten Anforderungen erfüllen. Eine weiter gehende Reihenfolge zwischen den Projekten findet nicht statt. In der jetzigen Förderperiode ist die Einführung von weiteren Auswahlverfahren zu beobachten, die zum Ziel haben, nicht nur die Mindestanforderungen zu erfüllen, sondern die geeignetsten Projekte auszuwählen.

In den deutschen RWB-Programmen kommen Wettbewerbsverfahren bisher in unterschiedlicher Form und Intensität zum Einsatz. Dies zeigt die folgende Tabelle:

Abb. 4: Wettbewerbsverfahren in den deutschen RWB-Ländern

Bundesland	Wettbewerbsverfahren
Baden-Württemberg	• Wettbewerb zur Stärkung landesweiter Netzwerke im Zielfeld „Umwelttechnologie" • Bioenergiewettbewerb zur Förderung innovativer Vorhaben od. Anlagen • Regionaler Clusterwettbewerb • Modellprojekt EULE - Ideenwettbewerb für ländliche Regionen
Berlin	• Aktion „Innovative Ansätze" Zur Steigerung der Effizienz und Effektivität des Fördermitteleinsatzes und zur Entwicklung neuer Förderinstrumente • Wettbewerbe im Cluster „Kommunikation, Medien, Kreativwirtschaft"
Hessen	• Clusterwettbewerb
NRW	• Projektauswahl fast durchgängig über Wettbewerbe (z.B. über regionale Cluster- und Gründungswettbewerbe)

Quelle: Prognos AG 2010

Lassen Sie uns einen Blick auf das Beispiel Nordrhein-Westfalens werfen: in Nordrhein-Westfalen ist die Umsetzung des Programms überwiegend auf Wettbewerbe gestützt. Bis Ende 2009 wurden 36 Calls durchgeführt. Es wurden insgesamt 2.025 Projekte mit nahezu 6.500 Kooperationspartnern eingereicht. 48 Calls sind geplant. Insgesamt stehen in den ersten drei Wettbewerbsrunden bis Ende 2010 400 Mio. EUR an Fördergeldern zur Verfügung. (Quelle: Prognos, Zukunft der RWB-

Förderung, 2010.) Damit wird in Nordrhein-Westfalen ein Großteil des Programms durch Wettbewerbe umgesetzt.

Ein weiteres Beispiel für eine sichtbare Verfahrensinnovation ist das Scoring-Verfahren in Niedersachsen. Diese Art des Auswahlverfahrens wurde mit Beginn der laufenden Förderperiode eingeführt. Für jede Maßnahme innerhalb des RWB-Programms wurden fünf bis sieben Kriterien erstellt, die mit der Zielsetzung jeder Maßnahme eng verknüpft sein müssen. Für jedes Kriterium muss ein Spektrum von Ergebnissen bewertet werden. Alle Ergebnisse werden zu einem Gesamtergebnis zusammengefasst. Für eine positive Auswahlentscheidung wird eine Mindestgesamtpunktzahl benötigt. Darüber hinaus wird die Möglichkeit eröffnet, eine Reihenfolge der Projekte vorzunehmen. Jeder Punkteentscheid ist Teil des Auswahlprozesses und wird in der Förderakte niedergelegt. Auf diese Weise kann jede Entscheidung im Nachhinein kontrolliert und verfolgt werden. Dieses Scoring-Verfahren führt dazu, dass der Entscheidungsträger dazu gezwungen ist, seine Entscheidungen so plausibel wie möglich zu machen.

Bei der Betrachtung aller RWB-Programme zeigt sich allerdings, dass diese Verfahrensarten nicht in allen Programmen vorzufinden sind. In einigen Programmen Westdeutschlands könnten zusätzliche Punkte- und Wettbewerbsverfahren eingesetzt werden. In Zukunft sollten diese Verfahren vermehrt angewendet werden. Zu bedenken ist allerdings, dass gerade Wettbewerbe nicht für jede Maßnahme eines RWB-Programms einsetzbar sind. Wettbewerbe benötigen eine bestimmte Menge an zu verteilenden Finanzmitteln oder eine relevante Anzahl von Projektanträgen zur gleichen Zeit. Das ist nicht immer für alle Maßnahmen des RWB-Programms sicher zu stellen, wie z.B. bei Infrastrukturmaßnahmen.

Ergebnis: Dezentralisierte Auswahlverfahren als Schlüsselfaktor zur Unterstützung regionaler Innovationssysteme und Wachstumsfaktoren

Im Zusammenhang mit den Auswahlverfahren ist es wichtig, einen weiteren Punkt zu erwähnen. Wie wir wissen, sind regionale Innovationssysteme sehr wichtig, um Regionen zu entwickeln und die Wettbewerbsfähigkeit von Wirtschaftssystemen zu sichern. Bestandteile regionaler Innovationssysteme sind kleine und mittlere Unternehmen, nicht nur die Großunternehmen. Inwiefern wird nun die Erreichung dieser Unternehmensgruppe von unterschiedlichen Projektauswahlverfahren beeinflusst? Ein Beispiel bei EU-Programmen für ein zentrales Auswahlverfahren ist das Forschungsrahmenprogramm (FP). In Deutschland erreichte das Forschungsrahmenprogramm in den vergangenen Jahren lediglich zwischen zehn und 20 Prozent der kleinen und mittleren Unternehmen. Bei dem dezentral organisierten Projektauswahlverfahren in den Strukturfondsprogrammen des EFRE in Niedersachsen betrug der Prozentsatz der KMU von allen geförderten Unternehmen in der vergangenen Förderperiode 2000 bis 2006 93,4 Prozent und in der laufenden Periode bislang rund 97 Prozent. Von allen geförderten Unternehmen in Niedersachsen wurden in der laufenden Periode um die 50 Prozent durch die Programme für Einzel- und Kooperations-FuE-Projekte gefördert. Diese Zahlen zeigen, dass das innovative Potential von KMU mehr durch dezentralisierte Verfahren als durch zentralisierte Verfahren erheblich angekurbelt wurde. Somit wären die regionalen Innovationssysteme, verglichen mit vom EFRE finanzierten innovativen Maßnahmen, nicht optimal unterstützt. Die verfügbare Unterstützung im Rahmen des Forschungsprogramms zur Förderung von Exzellenz kann die EFRE Förderung nicht ersetzen, sondern nur ergänzen. Der dezentralisierte Ansatz für das Programmieren und die Auswahl von Projekten sollte daher beibehalten werden.

Fazit

Die EFRE-RWB-Programme zielen auf andauernde strukturelle Probleme in strukturell unterschiedlichen Regionen und Sektoren ab und entwickeln potentielle Faktoren für Wachstum in den Regionen. Die Strukturpolitik der aktuellen Periode folgt dem Leitbild des „Stärken stärken". Die Politik ist mit ihrem Mehrebenensystem wirkungsvoll und trägt in verschiedenen Dimensionen zum europäischen Mehrwert bei. Die Strukturpolitik orientiert sich an der nationalen und regionalen Politik in Richtung der europäischen Ziele. Die von der Europäischen Kommission definierten Ziele im Hinblick auf Innovation und Wissenswirtschaft können nicht erreicht werden, ohne die Potenziale in den Regionen mitzunehmen. (Quelle: Bornemann, Die Strukturpolitik 2030.) Es ist ein akzeptierter und funktionierender Politikansatz, der neue Herausforderungen integrieren kann. Dennoch sind individuelle Fokussierungen und Anpassungen hilfreich, um erwartete Struktureffekte zu erhöhen und neue

Holger Bornemann

Herausforderungen wie Klimawandel, Globalisierung und Energiesicherheit zu bewältigen. Es gibt ein Potenzial, sich auf diese Herausforderungen mehr zu fokussieren. Die Adaption an die Auswirkungen des Klimawandels bieten auch gerade wirtschaftliche Chancen. Die Überführung in ein wirksames Strukturprogramm ist noch eine offene Frage, die spätestens bei den zukünftigen Programmen ab 2014 einer Lösung zugeführt werden muss. Die aktuelle Förderperiode zeigt, dass Prozess- und Verfahrensinnovationen in die Umsetzung der Programme Eingang gefunden haben. Das zeigt, dass der Politikansatz als solcher lernfähig ist. Eine Fortführung der RWB-Programme im Rahmen der Kohäsionspolitik wird mit den angesprochenen Änderungen dringend empfohlen. Warum ein System aufgeben, das bewiesen hat, dass es funktioniert? Besser man optimiert das Politiksystem schrittweise.

Literatur

BMWi, Nationaler Strategischer Rahmenplan (NSRP), Berlin 2007

Bornemann, Holger; Ralph Rautenberg (Prognos AG); Halbzeitbewertung der EFRE-Programme des Landes Niedersachsen; Auftraggeber: Ministerium für Wirtschaft, Arbeit und Verkehr, Niedersachsen; Hamburg 2010; Halbzeitbewertung durchgeführt im Rahmen der laufenden Begleitforschung für die Umsetzung der Strukturfondsprogramme in Niedersachsen 2007-2013, durchgeführt von Steria Mummert Consulting (SMC), Prognos AG, NIW, gender büro

Bornemann, Holger; Anja Breuer, Ralph Rautenberg, Michael Winter (Prognos AG); Umsetzung des Ziels „Regionale Wettbewerbsfähigkeit und Beschäftigung" im Rahmen der europäischen Strukturpolitik und Handlungsoptionen für seine Fortführung in der Förderperiode 2014-2020; Auftraggeber: Bundesministerium für Wirtschaft und Technologie; Bremen 2009

Bornemann, Holger; Anja Breuer, Ralph Rautenberg (Prognos AG); Analyse zu den Wirkungen der EFRE-Förderung auf das regionale Innovationssytem im Land Bremen und daraus abgeleitete Handlungsoptionen für die Fortführung des RWB-Ziels nach 2013; Auftraggeber: Der Senator für Wirtschaft und Häfen des Landes Bremen; Bremen 2009

Bornemann, Holger; Daniel Brünink (Prognos AG); Alexander Skubowius (NIW); Sonderuntersuchung zu den „Regionalisierten Teilbudgets" im Rahmen der EFRE-Programme des Landes Niedersachsen; Auftraggeber: Ministerium für Wirtschaft, Arbeit und Verkehr, Niedersachsen; Hamburg 2009. Sonderuntersuchung durchgeführt im Rahmen der laufenden Begleitforschung für die Umsetzung der Strukturfondsprogramme in Niedersachsen 2007-2013, durchgeführt von Steria Mummert Consulting (SMC), Prognos AG, NIW, gender büro

Bornemann, Holger, Mit Europas Regionen den zukünftigen Herausforderungen begegnen – Die Strukturpolitik 2030, in: Böllhoff, Christian; Hans J. Barth; Der Zukunft auf der Spur, Stuttgart 2009

Alexander Skubowius

Umsetzung der EFRE-Strukturpolitik in Niedersachsen und Konsequenzen für die zukünftige Ausgestaltung der Förderpolitik

Förderung auf Innovation, Beschäftigung und Wachstum ausrichten. Neue methodische Ansätze und die Konsequenzen für verschiedene Zielrichtungen. Impulsvortrag zur Arbeitsgruppe

1. Einleitung und Hintergrund

Im Rahmen der Diskussion um die zukünftige Ausgestaltung der EU-Strukturpolitik sehen sowohl die EU-Kommission als auch nationale und regionale Akteure in der Fokussierung von Förderinhalten und -instrumenten auf die Erhöhung der Innovationskapazitäten und die Entwicklung von gesellschaftlichen Wissenspotenzialen einen – wenn nicht den zentralen – Ansatzpunkt zur Stärkung der regionalen und unternehmerischen Wettbewerbsfähigkeit. Dies lässt auf eine konsequente Fortsetzung der in dieser Förderperiode begonnenen Ausrichtung der Förderung auf die Themen „Innovation", „Technologietransfer" und „Forschung und Entwicklung" gemäß den in der Lissabon-Strategie festgelegten Zielen schließen.

Darüber hinaus bilden auch die Förderung von Beschäftigung und Wachstum weitere fundamentale Zielgrößen der regionalen Strukturpolitik. Derzeit nimmt im Rahmen der EFRE- sowie der GRW-Förderung ein ganzes Bündel an Instrumenten für sich in Anspruch, alle drei Kernziele gleichermaßen zu verfolgen. Aus ordnungspolitischer und auch aus regionalpolitischer Sicht erscheint es allerdings durchaus notwendig, sich die spezifischen Wirkungsweisen der einzelnen Instrumente, ihre jeweiligen Zielgruppen und insbesondere auch die zeitlichen Horizonte ihrer zu erzielenden regionalökonomischen Wirkungen zu vergegenwärtigen. Nur so können – zumindest auf einer partialanalytischen Ebene – fundierte Bewertungen der einzelnen Förderinstrumente vorgenommen und deren quantitative und qualitative Effekte abgeschätzt werden.

Aus Sicht des Landes Niedersachsen mit seinen ausgeprägten regionalen Unterschieden der sozioökonomischen Ausgangslagen und Entwicklungstrends sind zudem die räumlichen Aspekte der Förderung, d.h. die Umsetzung und die erwarteten Wirkungen in den einzelnen Teilregionen, von entscheidender Bedeutung für die „Kohäsion innerhalb des Landes". Es ist offensichtlich, dass aus Sicht des Landes und seiner Regionen die beiden Zielgebiete der EU-Strukturpolitik „Konvergenz" und „Regionale Wettbewerbsfähigkeit und Beschäftigung" mit ihren unterschiedlichen Förderintensitäten nur den „groben" Rahmen festlegen können und die Frage hinsichtlich der regionalen Verteilung der eingesetzten Mittel teilräumlich differenzierter beantwortet werden muss.

2. Fragestellungen und Vorgehensweise

Vor dem Hintergrund der oben skizzierten Einordnung der Effekte der innovationsorientierten Förderung im Rahmen der EU-Strukturpolitik ergeben sich folgende handlungsleitende Fragestellungen:

- In welcher Größenordnung werden in der Strukturfondsperiode 2007 bis 2013 EU-Strukturfondsmittel in Niedersachsen eingesetzt, welche Themenschwerpunkte werden verfolgt und welchen Anteil haben dabei vorrangig „innovationsorientierte Förderinstrumente"?
- Welche regionalen Unterschiede lassen im Hinblick auf die bisherige Umsetzung der Förderprogramme erkennen? Wie schneiden besonders strukturschwache Regionen ab? Welche Unterschiede sind hinsichtlich des Mittelabflusses zwischen städtischen und ländlichen Regionen zu beobachten?
- Welche Rahmenbedingungen auf regionaler bzw. auf Landesebene müssen gegeben sein, um eine in besonderem Maße auf innovationsorientierte Strategien und Ziele gerichtete Förderung effektiv und effizient umsetzen zu können?

Zur Beantwortung der Untersuchungsfragen erfolgt zunächst die Skizzierung einiger Eckpunkte der strategischen Ausrichtung der EU-Förderpolitik in Niedersachsen. Im Folgenden wird dann für die einzelnen Schwerpunkte sowie regional differenziert die aktuelle Umsetzung der EFRE-Strukturfondsförderung in Niedersachsen seit 2007 diskutiert. Abschließend werden vor dem Hintergrund der absehbaren Veränderungen der EU-Strukturpolitik ab 2014 mögliche Konsequenzen für die zukünftige inhaltliche Schwerpunktsetzung der Förderung und geeignete Auswahlverfahren von Projekten aufgezeigt. Nicht zuletzt sind dabei die entsprechenden Umsetzungsebenen zu berücksichtigen und die Frage nach einer sinnvollen Instrumentierung der Förderung zur Erreichung der o.g. zentralen Ziele „Stärkung der Innovations- und Wettbewerbsfähigkeit", „Wachstum" und „Beschäftigung", insbesondere im Hinblick auf die möglichen Zielkonflikte zwischen Innovations- und Investitionsförderung.

3. Strategische Ausrichtung der EFRE-Strukturpolitik 2007 bis 2013

Mit rund 1,23 Mrd. Euro ist der Europäische Fonds für Regionale Entwicklung (EFRE) zentraler Baustein der niedersächsischen Strukturpolitik. Flankiert wird er von Mitteln aus dem Europäischen Sozialfonds (ESF), so dass Niedersachsen für die Wirtschafts- und Arbeitsmarktpolitik rund 1,67 Mrd. Euro an EU-Fördermitteln erhält. Dies entspricht einer Aufstockung um mehr als 40 Prozent gegenüber der vorangegangenen Förderperiode von 2000 bis 2006 (nach Nordrhein-Westfalen stellt Niedersachsen damit das zweitgrößte EFRE- und ESF-Kontingent in Westdeutschland). Ergänzt wird die EU-Förderung der niedersächsischen Strukturpolitik durch die nationale Strukturpolitik im Rahmen der Gemeinschaftsaufgabe „Verbesserung der regionalen Wirtschaftsstruktur" (GRW). Für die aktuelle Förderperiode sind dies, trotz der Reduzierung gegenüber den Jahren 2000 bis 2006, immerhin noch rund 500 Mio. Euro, die bei den traditionellen investiven Fördermaßnahmen der Unternehmensförderung und bei wirtschaftsnahen Infrastrukturen als wichtige Kofinanzierung fungieren.

Die EFRE-Mittel verteilen sich im Wesentlichen auf die Zielgebiete „Konvergenz" und „Regionale Wettbewerbsfähigkeit und Beschäftigung" (vgl. Tab. 1, Karte 1)[1]:
- Als einzige Region in Westdeutschland ist der ehemalige Regierungsbezirk Lüneburg als „Konvergenzgebiet" eingestuft worden, da er aufgrund der unmittelbaren Lage zu den Stadtstaaten Hamburg und Bremen ein Pro-Kopf-BIP von weniger als 75 Prozent des EU-27-Durchschnittes aufweist. Mit deutlich hö-

heren Förderquoten bzw. -intensitäten ist die Förderung im Konvergenzgebiet Lüneburg stärker auf Basisinfrastrukturen ausgerichtet.

- Außerhalb des Konvergenzgebietes kommt im Gegensatz zum „alten" Ziel-2-Gebiet der Förderperiode 2000 bis 2006 der flächendeckende Einsatz von Fördermitteln im Ziel „Regionale Wettbewerbsfähigkeit und Beschäftigung" (RWB) zum Tragen. Ziel der Förderung ist insbesondere die Unterstützung der Lissabon-Strategie. Daher werden im RWB-Gebiet in noch stärkerem Maße als im Konvergenzgebiet private und öffentliche Investitionen in Forschung und Innovation sowie wissensbasierte Cluster und Netzwerke gefördert.

Karte 1: Zielgebiet der EU-Strukturfondsförderung

Quelle: Land Niedersachsen

Tab. 1: Mittelausstattung im Konvergenz- und RWB-Gebiet 2007 bis 2013 für inhaltliche Themenschwerpunkte

Inhaltliche Schwerpunktthemen	Gesamt		Konvergenz		RWB	
	in Mio. €	in %	in Mio. €	in %	in Mio. €	in %
Beteiligungs- und Darlehensfonds	97,0	7,9	40,0	6,8%	57,0	8,9%
Einzelbetriebliche Investitionsförderung (einschl. kommunale KMU Programme) / Beratungsförderung	216,0	17,6	73,0	12,4%	143,0	22,4%
Netzwerk- und Clusterförderung	45,3	3,7	17,6	3,0	27,8	4,3
Betriebliche Innovationsförderung / Technologietransfer / Gründungsförderung	89,0	7,2	34,0	5,8	55,0	8,6
Innovation an Hochschulen sowie mit Hochschulen und KMU	154,0	12,5	81,0	13,8	73,0	11,4
Wirtschaftsnahe Infrastrukturen	106,7	8,7	48,6	8,2	58,2	9,1
Verkehrsinfrastrukturen	130,0	10,6	95,0	16,1	35,0	5,5
Tourismus- und Kulturförderung	121,3	9,9	51,4	8,7	69,8	10,9
Umwelt-, Natur- und Küstenschutz	112,0	9,1	54,0	9,2	58,0	9,1
Stadtentwicklung / Gesundheitsinfrastruktur	116,5	9,5	74,5	12,6	42,0	6,6
Gesamt*	**1.228**	**100,0**	**589,0**	**100,0**	**638,8**	**100,0**

* Technische Hilfe nicht aufgeführt   Quelle: Land Niedersachsen, Berechnungen des NIW

Von den 1,23 Mrd. Euro EFRE-Mitteln in der Förderperiode 2007 bis 2013 entfallen etwa 590 Mio. Euro auf das Konvergenzgebiet und knapp 640 Mio. Euro auf das RWB-Zielgebiet (Tab. 1). Damit sind beide Operationellen Programme (OP) des

EFRE absolut betrachtet finanziell fast gleich ausgestattet. Die geplante Ausrichtung der Förderung lässt sich gut anhand von inhaltlichen Themenschwerpunkten ablesen. Dabei sind die jeweiligen Instrumente der beiden EFRE-OP anhand der landesinternen Bezeichnungen der einzelnen Maßnahmen[2] zu zehn Gruppen zusammengefasst worden:

- Beteiligungs- und Darlehensfonds (1.1.1 bis 1.1.3)
- Einzelbetriebliche Investitionsförderung (einschl. kommunale KMU-Programme) / Beratungsförderung (1.2.1 / 1.3.1 / 1.4.1 / 1.6.1)
- Netzwerk- und Clusterförderung (2.1.1 / 2.1.2 / 2.2.6 / 2.2.7 / 2.4.1)
- Betriebliche Innovationsförderung / Technologietransfer / Gründungsförderung (2.2.1.1. / 2.2.1.2 / 2.2.2 / 2.2.4 / 2.2.5 / 2.2.8)
- Innovation an Hochschulen (2.9.9 / 2.3.1 / 2.3.2)
- Wirtschaftsnahe Infrastrukturen (3.1.1 / 3.2.1 / 3.5.1)
- Tourismus- und Kulturförderung (3.3.1 / 3.6.1 / 3.7.1)
- Verkehrsinfrastrukturen (3.4.1 bis 3.4.4 / 3.4.6)
- Umwelt-, Natur- und Küstenschutz (4.1.1 bis 4.1.6)
- Stadtentwicklung / Gesundheitsinfrastruktur (4.2.1 und 4.2.2)

Die nach ihrem Mittelvolumen bedeutendsten Einzelprogramme bzw. Themenbereiche sind:

- Einzelbetriebliche Investitionsförderung (im Rahmen der GRW-Förderung und der KMU-Landkreisprogramme mit fast 18 Prozent aller EFRE-Mittel),
- Innovation an und mit Hochschulen und KMU (darunter insbesondere der Innovationsinkubator Lüneburg mit einem breiten Spektrum an Hochschulverbundprojekten) mit rund zwölf Prozent aller EFRE-Mittel,
- Verkehrsinfrastrukturen (knapp elf Prozent aller EFRE-Mittel),
- Tourismus- / Kulturförderung sowie Nachhaltige Stadtentwicklung / Gesundheitsinfrastrukturen[3] (jeweils knapp zehn Prozent) sowie
- Wirtschaftsnahe Infrastrukturen, Beteiligungs- und Darlehensfonds sowie Maßnahmen der Innovationsförderung (einzelbetriebliche FuE-Förderung, Technologietransfer, Personaltransfer, etc.) mit jeweils ca. acht Prozent aller eingeplanten EFRE-Mittel.

Während im RWB-Gebiet vor allem die betriebliche FuE-Förderung eine höhere Bedeutung hat und auch die eher „klassische" einzelbetriebliche Investitionsförderung (einschließlich der kommunalen KMU-Programme) nach wie vor ein wesentlicher Bestandteil der EFRE-Förderung ist, lässt sich im Konvergenzgebiet eine deutlich stärkere Ausrichtung auf Infrastrukturmaßnahmen (insb. Verkehrsinfrastrukturen sowie Stadtentwicklung und Gesundheitsinfrastruktur) erkennen (vgl. Tab. 1).

Wenngleich im RWB-Gebiet aufgrund der Lissabon-Strategie innovations- und forschungsorientierte Förderinhalte eine besondere Rolle spielen, kommen Investitionen in Forschung und technologische Entwicklung, die Förderung des Wissens- und Technologietransfers sowie die gezielte Unterstützung von Clustern auch im Konvergenzgebiet zum Tragen. Vor allem der an der Universität Lüneburg angesiedelte Innovationsinkubator trägt maßgeblich zur Umsetzung des Lissabon-Ziels im Konvergenzgebiet bei. Insgesamt liegt der Anteil der „Lissabon"-fähigen Maßnahmen im RWB-Gebiet bei knapp 68 Prozent und entspricht damit dem von der EU-Kommission geforderten „Earmarking". Im Konvergenzgebiet ist der Anteil mit 60 Prozent etwas geringer.

Es ist zu berücksichtigen, dass sich die jeweiligen Gesamtinvestitionsvolumina je nach Fördermaßnahme und Kofinanzierungsregelungen teilweise deutlich voneinander unterscheiden, da bspw. im Rahmen der sogenannten GRW-Normalförderung und im Fall der KMU-Landkreisprogramme neben den erforderlichen privaten Beteiligungen zusätzlich nationale beziehungsweise kommunale Kofinanzierungsmittel gebunden werden. Auch bei den wirtschaftsnahen Infrastrukturen ergänzen nationale GRW-Mittel sowie vor allem auch Landesmittel die EFRE-Kofinanzierung. Grundsätzlich sind die Kofinanzierungsanteile im Konvergenzgebiet aufgrund höherer EFRE-Förderquote deutlich geringer als im RWB-Gebiet.

Im Rahmen der Projektauswahlverfahren sind in Niedersachsen in der aktuellen Förderperiode erstmals in allen Bereichen der EFRE-Strukturfondsförderung Qualitätskriterien eingeführt worden. Sie haben insgesamt zu einer deutlich höheren Transparenz und zu einer konsistenteren Bewertung der Projektanträge geführt.[4] Mithilfe vorab festgelegter Scoring-Kriterien, die für alle Richtlinien zielgruppenorientiert erstellt worden sind, wird damit in weiten Teilen der Operationellen Programme ein höheres Maß an „Qualitätswettbewerb" in den Projektauswahlverfahren durchgesetzt.

4. Umsetzung der EFRE-Strukturfondsförderung in Niedersachsen seit 2007

Zur Verdeutlichung des Umsetzungsstandes der EFRE-Strukturfondsförderung in Niedersachsen werden die bislang gebundenen Mittel bzw. die Projektbewilligungen herangezogen.[5] Karte 2 zeigt dabei die absolute Höhe der bewilligten EFRE-Fördermittel für Landkreise und kreisfreie Städte anhand der Größe der dargestellten Kreise sowie der zusammengefassten Schwerpunktförderbereiche[6] als Segmente.

Zur „Halbzeit" der Förderperiode 2007 bis 2013 sind im RWB-Gebiet 54 Prozent und im Konvergenzgebiet 59 Prozent der Mittel bewilligt bzw. gebunden. Damit befinden sich die Mittelabflüsse insgesamt im Plan, wenngleich es Unterschiede in den einzelnen Schwerpunktbereichen gibt[7], die auch auf eine verzögerte Inkraftsetzung einiger Richtlinien und Instrumente zurückzuführen sind – bedingt durch intensive Ressort-Abstimmungsprozesse zu Beginn der Förderperiode.

Zu berücksichtigen sind aber auch unterschiedliche Bewilligungsstände in den einzelnen Regionen. Hier ergeben sich teilweise noch deutlich größere Abweichungen im Hinblick auf die geplanten Mittelabflüsse. Dies gilt zum Zeitpunkt der Erhebung insbesondere für den „Innovationsinkubator" am Universitätsstandort Lüneburg. Darüber hinaus ist zu beachten, dass in einigen Programmen (Verkehrs- und wirtschaftsnahe Infrastrukturen, Tourismus sowie Nachhaltige Stadtentwicklung) die Mittel weitgehend ausgeschöpft sind, da bereits eine Reihe von Projekte in konkreter Planung ist bzw. ausreichend Anträge vorliegen. Dies gilt auch für die einzelbetriebliche Investitionsförderung im Rahmen der GRW-Förderung (ohne die KMU-Programme im Rahmen der RTBs). Zentrale Ergebnisse des bisherigen Umsetzungsstandes sind:

- Im niedersächsischen Konvergenzgebiet wird erwartungsgemäß die höchste Förderintensität (bewilligte Fördermittel je Einwohner) erreicht, da dort höhere Förderquoten als im übrigen Niedersachsen zulässig sind.
- Erstmals können aber auch Stadtregionen in hohem Maße von der Strukturfondsförderung profitieren, die bislang kein EFRE-Fördergebiet waren (insbesondere die Region Hannover sowie die Großstädte Osnabrück und Oldenburg.
- Weitere räumliche Schwerpunkte hinsichtlich des Mittelabflusses sind derzeit der ostfriesische Küstenraum und Teile Südniedersachsens. Relativ gering sind die Fördermittelbindungen bislang in den Landkreisen Nienburg und Diepholz.

Die Auswertung der Bewilligungsstände nach Konvergenz- und RWB-Gebiet macht deutlich, dass in allen Schwerpunktthemenfeldern im Konvergenzgebiet mehr EFRE-Mittel je Einwohner verausgabt werden als im RWB-Gebiet (Abb. 1). Dies gilt vor allem für die einzelbetriebliche Investitionsförderung und den Bereich Verkehr / wirtschaftsnahe Infrastrukturen, aber auch für den Umwelt- und Küstenschutz sowie Nachhaltige Stadtentwicklung / Gesundheitsinfrastrukturen. Der höhere Anteil an eher klassischen Förderinstrumenten und Basisinfrastrukturen macht deutlich, dass auch in der aktuellen Förderperiode nach wie vor ausgleichorientierte Ziele mitverfolgt werden können.

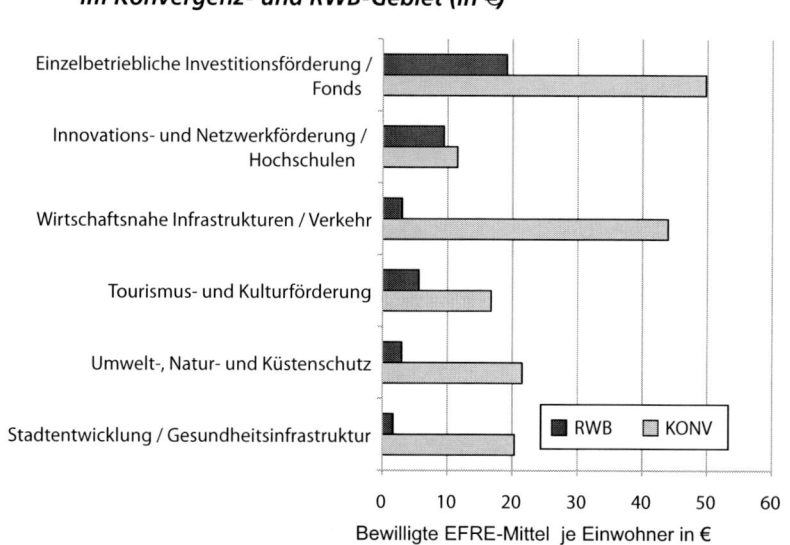

Abb. 1: Bewilligte Mittel je Einwohner in Schwerpunktthemen im Konvergenz- und RWB-Gebiet (in €)

Quelle: Strukturfondsmanager Niedersachsen (Stand: 10/2010); Berechnungen des NIW

Aufgrund des in der letzten Förderperiode ausgeweiteten Themenspektrums sind von der Vielzahl der mittlerweile eingesetzten EFRE-Instrumente räumlich und zeitlich sehr unterschiedliche regionalökonomische Effekte zu erwarten. Nicht zuletzt wegen der unterschiedlichen Zielsetzungen sind die Auswirkungen Ex-Ante nur sehr schwer zu quantifizieren.[8]

Karte 2: Bewilligte EFRE-Mittel in Niedersachsen 2007 bis 2010

Bewilligte EFRE-Mittel in Euro
- 50.000.000
- 25.000.000
- 10.000.000

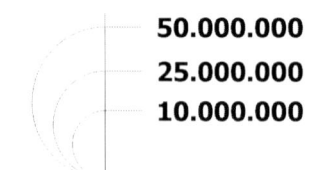

**EFRE-Mittel je Einwohner
(Landkreise und kreisfreie Städte)**

- 109 und mehr (7)
- 68 bis unter 109 (7)
- 53 bis unter 68 (6)
- 38 bis unter 53 (7)
- 23 bis unter 38 (6)
- 14 bis unter 23 (7)
- unter 14 (6)

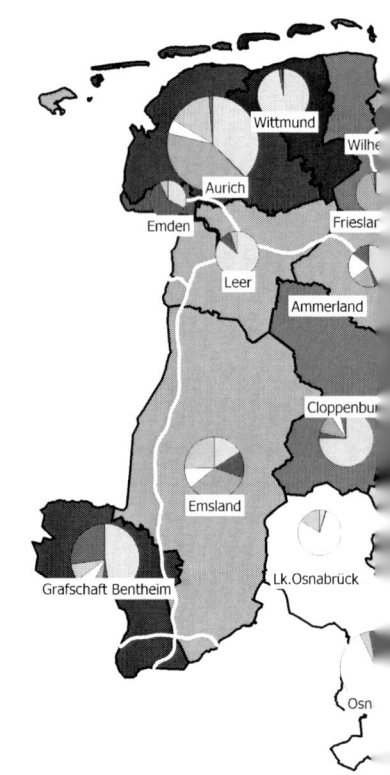

Förderschwerpunkt

- Beteiligungsfonds / Regionalfonds Hannover *
- Einzelbetriebliche Investitionsförderung
- Innovations- und Netzwerkförderung / Hochschulen
- Wirtschaftsnahe Infrastrukturen / Verkehr
- Tourismus- und Kulturförderung
- Umwelt-, Natur- und Küstenschutz
- Stadtentwicklung
- Gesundheitsinfrastruktur

* Beteiligungsfonds
Gesamtraum RBW

Alexander Skubowius

Landkreise und kreisfreie
Städte in Niedersachsen

n jeweils für den
ivergenz

Quelle: Strukturfondsmanager
Niedersachsen[9] (Stand: 10/2010);
Berechnungen des NIW

Vor allem die Frage nach der räumlichen Verteilung lässt sich vorab nicht plausibel beantworten, da mit den meisten Förderinstrumenten keine regionale Zuordnung der Strukturfondsfördermittel intendiert ist. Ausnahmen sind hier die an die GRW-Fördergebietskulisse gebundenen EFRE-Mittel beispielsweise der einzelbetrieblichen Förderung, bei denen der Einsatz in Nichtfördergebieten ausgeschlossen ist. Für fast alle anderen Förderbereiche werden im Rahmen eines Qualitätswettbewerbs besonders geeignete und nach Scoring-Kriterien förderfähige Projekte ausgewählt, unabhängig von ihrer räumlichen Verortung.

Allerdings stellt sich Ex-post die Frage, in welche Regionen bzw. Raumtypen die EFRE-Mittel in den jeweiligen Schwerpunktthemenfeldern bislang vorrangig abgeflossen sind. Exemplarisch werden dazu die eingesetzten EU-Fördermittel je Einwohner grob nach Kernstädten / Großstädten sowie eher ländlich geprägten Regionen aufgeteilt.[10]

*Abb. 2: **Bewilligte Mittel je Einwohner in Schwerpunktthemen in Kernstädten und ländlichen Räumen bzw. Umlandbereichen von Zentren***

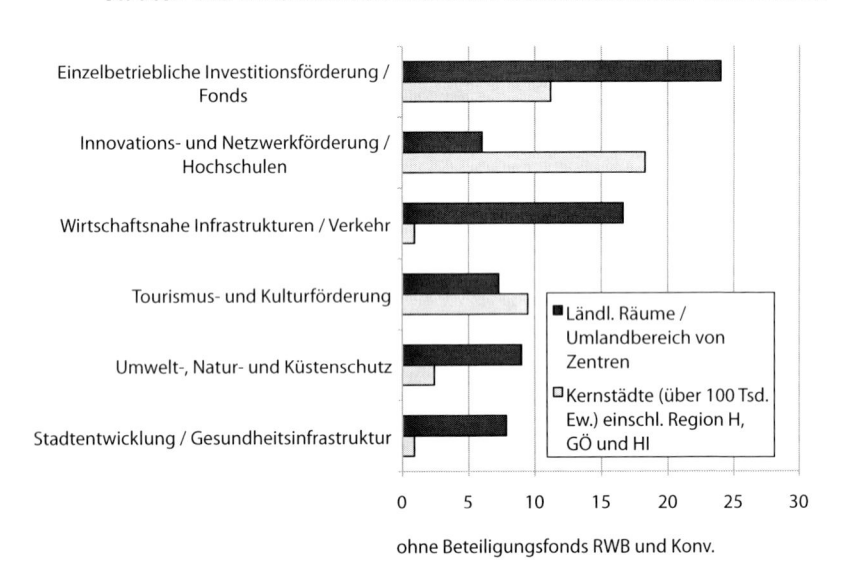

Quelle: Strukturfondsmanager Niedersachsen (Stand: 10/2010); Berechnungen des NIW

Die regionalen Förderintensitäten in den einzelnen Schwerpunktbereichen verdeutlichen, dass außer bei zwei Schwerpunkten der bisherige Fördermitteleinsatz je Einwohner außerhalb der Kernstädte insgesamt deutlich höher liegt (Abb.2). Nur im zusammengefassten Bereich „Innovations- und Netzwerkförderung/Hochschulen", der den Hauptbeitrag der niedersächsischen EFRE-OP zu den „Lissabon"-orientierten Zielen „Förderung von Innovation und Technologie" leistet, fließen in höherem Maße EFRE-Mittel in die Kernstädte / Stadtregionen. Dies ist in erster Linie auf den höheren Anteil an Universitäten und Fachhochschulen zurückzuführen, aber auch auf die größere Anzahl technologie- und forschungsintensiver Unternehmen und Einrichtungen, die als Trägersitz von Branchennetzwerken und Clusterinitiativen fungieren.[11]

Die Möglichkeit des flächendeckenden Einsatzes von EU-Fördermitteln hat bereits im Vorfeld des Starts der aktuellen Förderperiode zu Befürchtungen bei einigen Akteuren in ländlichen sowie strukturschwachen Räumen geführt, dass städtischen Zentren, die als ohnehin wachstumsstark und hinsichtlich der Ausstattung mit Bildungs- und Forschungsinfrastrukturen gut ausgerüstet gelten, in überproportionalem Maße Fördermittel binden könnten. Damit würden ländliche Räume nur noch in deutlich geringerem Maße von der Förderung profitieren, wobei insbesondere strukturschwache ländliche Räume im Rahmen der Strukturfondsförderung benachteiligt würden. Als Gründe werden vor allem die eingeschränkten oder fehlenden Anknüpfungspunkte für FuE- bzw. Innovations- und Netzwerk-Projekte aufgrund der geringeren Zahl technologieintensiver Unternehmen, Hochschulen und Forschungseinrichtungen genannt. Aber auch die geringeren Handlungsspielräume von Akteuren insbesondere in kleineren Landkreisen / Gemeinden bei aufwändigen Wettbewerbs- und Antragsverfahren sowie die weniger stark ausgeprägten Fähigkeiten zur Netzwerkbildung („Network building capacities") werden als Hemmnisse angeführt.

Die nach Regionen und Regionstypen differenzierte Analyse der aktuellen Mittelbindung nach Schwerpunktthemen (vgl. Karte 1 und Abb. 2) zeigt deutlich, dass derzeit nicht von einer generellen Benachteiligung eher ländlich strukturierter Räume abseits der großen Zentren ausgegangen werden kann. Die vergleichsweise breite Ausrichtung der Förderprogramme trägt in Niedersachsen ausgleichs- als auch wachstumsorientierten Zielen gleichermaßen Rechnung. Insbesondere bei den eher

„klassischen" strukturpolitischen Instrumenten ist die Förderintensität in strukturschwächeren Regionen (beispielsweise. auch den GRW-Förderregionen[12]) immer noch deutlich höher als in großstädtischen Zentren bzw. in Nichtförderregionen. Allerdings sind gerade im strategisch besonders wichtigen Förderbereich „Forschung, Technologie, Innovation" ländliche Räume hinsichtlich der Fördermittelakquise je Einwohner deutlich schwächer vertreten als Verdichtungsräume und Stadtregionen. Dies gilt bislang für alle Maßnahmen der Innovationsförderung.[13] Hier besteht zumindest im Ansatz die Gefahr, dass die eher ländlich-peripher strukturierten Regionen von unternehmerischen Anpassungsprozessen im Hinblick auf technologische Entwicklungen weiter abgekoppelt werden.

5. Konsequenzen für die Strukturpolitik ab 2014

Vor dem Hintergrund der Diskussion um eine Neuausrichtung der EU-Strukturfondsförderung ab 2014 ist für Niedersachsen zum derzeitigen Stand zu erwarten, dass deutlich weniger Mittel als bislang zur Verfügung stehen.

Darüber hinaus zeichnet sich eine stärkere thematische Konzentration der EFRE-Mittel auf zentrale Herausforderungen ab (vgl. Europa-2020-Strategie und Fünfter Kohäsionsbericht der EU-Kommission). Wenngleich die Gewichtung der zukünftigen Themenfelder und die spezifischen Instrumentierungsmöglichkeiten derzeit noch unklar sind, wird die Innovationsförderpolitik aller Voraussicht nach einen noch höheren Stellenwert einnehmen als in der aktuellen Förderperiode.

Aus den o.g. Ergebnissen hinsichtlich der bisherigen Umsetzung der EFRE-Förderung und des regionalen Mitteleinsatzes sowie der zu erwartenden Rahmenbedingungen für die Zeit nach 2013 sollen abschließend einige Anforderungen für die zukünftige Ausrichtung der Förderprogramme abgeleitet werden:
- Die zukünftige Landesförderstrategie wird bei einem zunehmend geringeren Budget notwendigerweise eine Auswahl an „Themenfeldern" treffen müssen. Diese Auswahl sollte vor allem an die Frage geknüpft sein, welche inhaltlichen Förderschwerpunkte den höchsten Beitrag zur Steigerung der Innovations- und Wettbewerbsfähigkeit leisten. Dieses Hauptziel erscheint angesichts des immer noch deutlichen Entwicklungsrückstandes des Landes Niedersachsen im Vergleich zu West- und insbesondere Süddeutschland[14] als zentrales Zielkriterium ge-

rechtfertigt. Allerdings würde diese Fokussierung auch den Verzicht auf einige bislang noch umgesetzte Maßnahmen bedeuten, die nicht dem Kernspektrum der Steigerung der betrieblichen Innovations- und Wettbewerbsfähigkeit dienen.

- Die Umsetzung ausgewählter Kernbereiche der Strukturpolitik setzt wiederum voraus, geeignete Instrumente und belastbare Zielindikatoren auszuwählen bzw. zu entwickeln. Stärker als bisher sollte bspw. die Qualität von neu geschaffenen und gesicherten Arbeitsplätzen im Blickpunkt der Förderung stehen. Als weitere zentrale Zielindikatoren scheinen eine umfassendere und flächendeckende Förderung von Forschung und technologischer Entwicklung in Betrieben sowie die Intensivierung des Technologie- und Wissenstransfers nach Auffassung des Autors besonders sinnvoll. Konkret stellt sich dann die Frage, welche bislang eingesetzten Instrumente zur Stärkung der Innovationsfähigkeit in KMU sich bewährt haben und welche Weiterentwicklung des Instrumentariums erforderlich ist, um auch unterschiedliche „Innovationsgrade", gerade im Hinblick auf die Anforderung kleiner und mittlerer Unternehmen in ländlich geprägten Regionen, bedienen zu können.

- Nicht zuletzt werden mit der angestrebten Fokussierung höhere Anforderungen an die Projektsteuerung und -auswahl gestellt. Dies setzt einerseits geeignete Verfahren der Projektauswahl voraus, andererseits müssen entsprechende räumliche Umsetzungsebenen für eine effiziente Abwicklung der Förderung gefunden werden. Niedersachsen hat in der aktuellen Förderperiode mit einem Verfahren, das auf programmübergreifenden Qualitätskriterien und programmspezifischen Scoringsystemen basiert, bereits eine gute Grundlage für künftige transparente Auswahlprozesse. Dieser Ansatz sollte ggf. an sich verändernde Projektinhalte angepasst und weiterentwickelt werden. Eine Projektauswahl ausschließlich anhand von Leistungswettbewerben (wie bspw. in NRW) ist kritisch zu prüfen, insbesondere hinsichtlich des erhöhten Verwaltungs- und Steuerungsaufwandes.

- Eine Verlagerung der zukünftigen Förderung, d.h. sowohl der strategischen Ausgestaltung als auch der Abwicklung, auf die regionale Ebene muss vor dem Hintergrund der Erfahrungen mit den niedersächsischen „Regionalisierten Teilbudgets" differenziert betrachtet werden. Die RTBs zeigen, dass in einem be-

Alexander Skubowius

stimmten Segment der Förderung und bei einem funktionierenden Zusammenspiel zwischen Landesebene („Rahmenrichtlinie") und Landkreisen bzw. kreisfreien Städten durchaus anspruchsvolle regionale Umsetzungsstrategien entwickelt werden können. Allerdings sind sowohl die konkrete Ausgestaltung als auch die quantitativen und qualitativen Zielvorgaben in den kommunalen Richtlinien zur Förderung einzelbetrieblicher Investition regional sehr unterschiedlich konzipiert worden. Vor diesem Hintergrund dürfte die rein regionale Umsetzung einer zukünftig verstärkt auf Innovationspolitik fokussierten EFRE-Förderstrategie eher kritisch zu betrachten sein.

Anmerkungen

1 Mit der Beteiligung an Projekten zur Förderung der grenzübergreifenden, länderübergreifenden und interregionalen Zusammenarbeit im Rahmen der Gemeinschaftsinitiative INTERREG sind weitere EU-Mittel zur Strukturpolitik hinzuzurechnen.
2 vgl. EFRE-Durchführungsberichte für die Zielgebiete „Konvergenz" und „RWB" sowie EFRE-Halbzeitbewertung des Landes Niedersachsen 2007 bis 2013.
3 Bau der Elbe-Jeetzel-Klinik im Landkreis Lüchow-Dannenberg.
4 vgl. Steria Mummert Consulting, Prognos AG, NIW, genderbüro 2009: Sonderuntersuchung Scoring-Verfahren – Evaluation der Projektauswahl für EFRE- und ESF-Projekte in Niedersachsen mithilfe von Scoring-Modellen, im Auftrag des Niedersächsischen Ministeriums für Wirtschaft, Arbeit und Verkehr (MW), Hannover.
5 Stand: Oktober 2010
6 Zur besseren Übersichtlichkeit sind einzelne Themenfelder gegenüber der o.g. Aufzählung nochmals zusammengefasst worden. Die flächendeckend zum Einsatz kommenden Beteiligungs- und Darlehensfonds (bis auf Regionalfonds Hannover) sind aus technischen Gründen Hannover bzw. Lüneburg zugeordnet worden, so dass hier eine leichte Verzerrung entsteht.
7 Vgl. Steria Mummert Consulting, Prognos AG, NIW, genderbüro (2010): Halbzeitbewertung der Interventionen des EFRE im Land Niedersachsen in der Förderperiode 2007-2013, im Auftrag des Niedersächsischen Ministeriums für Wirtschaft, Arbeit und Verkehr (MW), Hannover.
8 vgl. NIW, Prognos AG 2009: Abschätzung der ökonomischen Effekte der EFRE-Programme zur Verbesserung der Rahmenbedingungen für KMU in Niedersachsen 2007-2013, Studie

im Auftrag des Niedersächsischen Ministeriums für Wirtschaft, Arbeit und Verkehr, Hannover.

9 Im Strukturfondsmanager Niedersachsen sind alle für die EFRE-Förderung in Niedersachsen relevanten Daten zusammengeführt, bspw. aus dem Antragserfassungssystem Abakus sowie aus dem webbasierten Stammblattverfahren (webSta), in dem die Projektträger Angaben über ihre Projektergebnisse machen. Der Strukturfondsmanager wird im Rahmen der EFRE-Begleitforschung von Steria Mummert Consulting betrieben.

10 Aufgrund der kreisscharfen Abgrenzung der vorliegenden Daten wurden zu den Kernstädten mit 100.000 Einwohnern und mehr auch die gesamte Region Hannover sowie die Landkreise Hildesheim und Göttingen hinzugerechnet. Alle Umlandbereiche sowie die ländlichen Räume in Niedersachsen wurden zu einer zweiten Raumkategorie „Ländliche Räume / Umlandbereich von Zentren" zusammengefasst.

11 Die vergleichsweise hohen Förderintensitäten im Bereich Tourismus- und Kulturförderung in Stadtregionen sind u.a. auf einige wenige touristische und kulturelle Großprojekte zurückzuführen. Darüber hinaus wird der Anteil geförderter Tourismusprojekte in ländlichen Regionen, insb. im Harz, unterschätzt, da im Rahmen dieser Erhebung reine GRW-Maßnahmen nicht ausgewiesen sind.

12 Vgl. ARL-Arbeitsmaterial (2011, im Erscheinen): Regionale Strukturpolitik in den norddeutschen Bundesländern, Hannover.

13 Allerdings würde sich das Bild im niedersächsischen Konvergenzgebiet mit einer erfolgreichen Umsetzung des „Innovationsinkubators" Lüneburg als zentralem „Innovationsförderprojekt" deutlich positiver gestalten.

14 Vgl. Hans-Ulrich Jung (2010): Regionalbericht Norddeutschland, Hannover.

Eberhard Franz

„Europa 2020":
Ein Ausblick auf die zukünftige EU-Förderung

1. Die Strategie „Europa 2020"
1.1 Prioritäten

Als Weiterentwicklung der Lissabon Strategie ist die Strategie Europa 2020 sehr viel ganzheitlicher aufgebaut. Zwar spielt der Innovationsbegriff noch immer eine wichtige Rolle, doch in den Mittelpunkt der künftigen Strategie ist der Wachstumsbegriff gerückt. Die Kommission unterscheidet dabei drei Aspekte von Wachstum:
A. intelligentes Wachstum,
B. nachhaltiges Wachstum und
C. integratives Wachstum.

Unter diesen drei Wachstumsaspekten, subsummieren sich dann die verschiedenen Initiativen und Ansätze der Strategie Europa 2020.

1.2. Kernziele

Neben den Prioritäten gibt es zukünftig fünf Kernziele:
1. Das erste ist die Erhöhung der Beschäftigungsquote von 69 auf 75 Prozent. Dieses Kernziel bildet gleichsam das Dach, zu welchem alle weitere Ziele und Maßnahmen ihren Beitrag leisten müssen (Wachstumsaspekt A und C).
2. Das zweite Kernziel ist die Erhöhung der Investitionsquote im Bereich Forschung und Entwicklung auf drei Prozent des Bruttoinlandsproduktes. Dieses Ziel ist eindeutig der ersten Innovationspriorität (A) zuzuordnen, also dem Bereich ‚intelligentes Wachstum'.
3. Das dritte Kernziel bilden die drei Klimaschutzziele. Diesen werden landläufig auch als das 20/20/20-Ziel beschrieben. Im Einzelnen handelt es sich dabei um

die Reduzierung der Treibhausgas-Emission um 20 Prozent, die Steigerung des Anteils erneuerbarer Energien um 20 Prozent und die Steigerung der Energieeffizienz ebenfalls um 20 Prozent (Wachstumsaspekt B).

Daneben bestehen zwei weitere Ziele, die dem Bereich „integratives Wachstum" zuzurechnen sind:
4. zum einen die Reduzierung der Schulabbrecherquote auf weniger als zehn Prozent (Wachstumsaspekt C)
5. und zum anderen die Reduzierung der der Gruppe ‚armer oder von Armut bedrohter Personen' europaweit um 20 Millionen (Wachstumsaspekt C).

Die beiden letzten Ziele werden zukünftig zu den Kernbereichen des ESF gehören, wohingegen der EFRE die drei erstgenannten Ziele in den Mittelpunkt seiner künftigen Förderung stellen wird.

1.3 Leitinitiativen

Um die Kernziele weiter operationalisierbar zu machen und Wege zu deren Realisierung zu beschreiben, hat die Europäische Kommission sieben Leitinitiativen formuliert. Diese geben schon jetzt, in dem frühen Diskussionsstadium eine erste Orientierung darüber
- wie der künftige Inhalt der operationellen Programme aussehen könnte,
- wofür zukünftig beim Land oder bei der EU Fördermittel beantragt werden können und
- welche Projekte ab 2014 förderfähig sein sollen.

Leitinitiative 1: Innovationsunion (Wachstumsaspekt A)
Innovation ist eines der Kernelemente, denen sich die gesamte Förderung in der Zukunft noch stärker wird unterwerfen müssen, als dies bisher schon der Fall ist. Dazu gehört auch, dass die Strukturfondsförderung künftig mit den Maßnahmen und Projekten des Forschungsrahmenplans abgestimmt sein soll. Hierzu sollen auch Fonds, also Risikokapitalfonds und ähnliche finanzwirtschaftliche Instrumente in höherem Umfang genutzt werden als bisher. Weiterhin misst man unter dieser

Leitinitiative von Seiten der Europäischen Kommission auch der Gründungsförderung eine besondere Bedeutung zu. D.h., die Gründungsförderung der Zukunft, zumindest jene, die aus EU-Mitteln kofinanziert wird, ist nicht mehr an jeden Existenzgründer oder jede Existenzgründerin adressiert, sondern ganz zielgerichtet an innovative (auch technologieorientierte) Unternehmen.

Unter inhaltlichen Aspekten sieht die EU-Kommission auch die Innovationsförderung als ein zentrales Instrument zur Erreichung der Klimaschutzziele. Auch dieser übergreifende Ansatz der Kernziele ist neu und prägend für die gesamte Strategie Europa-2020. Darüber hinaus sollen auch andere, große gesamtgesellschaftliche Fragen im Kontext der Innovationsunion behandelt werden:
- demografischer Wandel (Stichworte: Gesundheit und Alterung),
- umweltfreundliche Herstellungsmethoden (Nachhaltigkeit im Produktionsprozess) und
- Verkehr, in Form nachhaltiger und innovativer Verkehrskonzepte, d.h., ausdrücklich kein Straßenbau, sondern z.B. Bereich neue Motorenkonzepte, Antriebe, Elektromobilität, u.ä..

Kernelemente:
- Zusammenspiel mit dem Forschungsrahmenplan verbessern
- Fonds (Zusammenarbeit mit der EIB)
- Gründungsförderung
- Inhaltliche Schwerpunkte:
  - Klimawandel
  - Energie- und Ressourceneffizienz
  - Verkehr
  - Gesundheit und Alterung
  - umweltfreundliche Herstellungsmethoden

Leitinitiative 2: Jugend in Bewegung (Wachstumsaspekt A)
Die Initiative ist darauf ausgerichtet, Mobilität zu fördern, und umfasst vorwiegend Aktivitäten, die außerhalb der Strukturfonds liegen. Dazu gehören z.B. die großen europäischen Austausch-Programme Erasmus, Leonardo und Sokrates. Die Strukturfondsaktivitäten spielen in diesem Zusammenhang bisher nur eine untergeordnete Rolle. Deshalb wird nachfolgend auf diese Leitinitiative nicht näher eingegangen.

Kernelemente:
- Mobilität fördern
- Förderung von Aktivitäten weitgehend außerhalb der Strukturfonds

Leitinitiative 3: Eine digitale Agenda für Europa (Wachstumsaspekt A)

Bei dieser Leitinitiative wird seitens der EU-Kommission ein künftiger Einsatz von Strukturfond-Mitteln explizit gefordert. Dies lässt den Schluss zu, dass die künftigen operationellen Programme für Maßnahmen dieser Leitinitiative einen maßgeblichen Budget-Anteil quasi zwingend vorzusehen haben. Das dahinterstehende Ziel ist es, europaweit einen schnellen Internetzugang flächendeckend einzuführen und für alle EU-Bürger nutzbar zu machen.

Kernelemente:
- Einsatz von EFRE und ESF-Mitteln in erleichterter Form
- Binnenmarkt für Online-Dienste und -Inhalte
- Einrichtung von Fonds (speziell für bisher breitbandtechnisch unversorgte Gebiete)
- Enge Verknüpfung mit dem Forschungsbereich
- Förderung des Internetzugangs und der digitalen Kompetenz

Leitinitiative 4: Ressourcenschonendes Europa (Wachstumsaspekt B)

Auch diese Leitinitiative sieht eine Verlinkung zwischen Strukturfonds-Förderung auf der einen Seite und dem Forschungsrahmenplan auf der anderen Seite vor. Gleiches gilt für den Einsatz von Fonds als neuem Finanzierungsinstrument. Daneben wird im Kontext dieser Leitinitiative erstmals der Infrastrukturbereich genannt. Daraus lässt sich ableiten, dass die breite Infrastrukturförderung, wie sie in der Vergangenheit praktiziert wurde, zukünftig – zumindest nach den bisher vorliegenden Papieren der EU-Kommission – nicht fortgesetzt werden kann. Die zukünftige Infrastrukturförderung muss Innovations- und Nachhaltigkeitsaspekte (z.B. Ressourcenschonung) als zentrale Förderinhalte umfassen. D.h., die „klassische Gewerbegebietsförderung" wird mit hoher Sicherheit zukünftig nicht mehr aus dem EFRE gefördert werden dürfen.

Kernelemente:
- Zusammenspiel mit dem Forschungsbereich
- Fonds (Zusammenarbeit mit der EIB)
- Infrastruktur (nur im ost- und südeuropäischen Bereich)
- Inhaltliche Schwerpunkte:
  - Klimawandel
  - Energie- und Ressourceneffizienz
  - Emissionsreduzierung
  - Verkehr (auch Verkehrsmanagement, Elektromobilität, u.ä.)
  - Katastrophenvorbeugung

Leitinitiative 5: Eine Industriepolitik für das Zeitalter der Globalisierung (Wachstumsaspekt B)

Diese Initiative ist, nicht zuletzt aufgrund ihres Titels, für den Bereich der EFRE-Förderung von herausgehobener Bedeutung. Es ist deshalb bemerkenswert, dass der Text dieser Leitlinie an keiner Stelle auf den Einsatz von EFRE-Mitteln so explizit hinweist, wie dies beispielsweise bei der Leitlinie „Innovationsunion" der Fall ist. Erste Interpretationen, direkt nach Erscheinen des Textentwurfes zu „Europa 2020" gaben sogar Anlass zu der Sorge, die zukünftig EU-Industriepolitik könnte auf non-monetäre Interventionsformen reduziert sein, und ausschließlich formalrechtliche Bereiche wie Wettbewerbsrecht u.ä. umfassen. Diese Sorge konnte jedoch nicht zuletzt durch hochrangige Gespräche auf ministerieller Ebene entkräftet werden.

Somit ist davon auszugehen, dass für alle hier genannten Förderbereiche, u.a. ökologische Modernisierung der Wirtschaft, Clusterförderung und Tourismus, Strukturfondsmittel eingesetzt werden können. Neben diesen inhaltlichen Aspekten, wird auch für diese Leitinitiative erneut das Instrument der Fonds (Beteiligungs- und Darlehensfonds) besonders herausgehoben.

Kernelemente:
- starke Fokussierung auf ordnungspolitische Fragen (Wettbewerbsrecht) mit dem Ziel der Stärkung von KMU
- ökologisch orientierte Umgestaltung der Wirtschaft
- Clusterförderung
- Qualifizierungsmaßnahmen (über den Europäischen Globalisierungsfonds – EGF)

- Fonds
- Tourismus

Leitinitiative 6: Eine Agenda für neue Kompetenzen und Beschäftigungsmöglichkeiten (Wachstumsaspekt C)
Diese stellt sehr stark auf die mit dem Thema Arbeitsmarkt verbundenen formalrechtlichen Fragen ab. Dabei geht es um z.b. Arbeitsrecht, Anerkennung von Berufsabschlüssen und den so genannten „Sozialen Dialog", also die Zusammenarbeit und Abstimmung mit den Sozialpartnern. Weiteres zentrales Element dieser Leitinitiative ist die Förderung von Aus- und Weiterbildung, was schon traditionell einen Kernbestandteil der Förderprogramme des Landes im Bereich des ESF darstellt.

Kernelemente:
- Arbeitsrecht (Flexicurity = Flexibilität + Arbeitsplatzsicherheit)
- Sozialer Dialog (enge Abstimmung mit den Sozialpartnern)
- Förderung von Aus- und Weiterbildung
- Anerkennung von Bildungsabschlüssen

Leitinitiative 7: Europäische Plattform zur Bekämpfung der Armut (Wachstumsaspekt C)
In dieser letzten geht es darum, soziale Innovationen zur Armutsprävention für die schwächsten Bevölkerungsgruppen zu fördern. Dazu gehören insbesondere all jene Maßnahmen, die der Berufsvorbereitung von Jugendlichen dienen (z.B. Jugendwerkstätten und Pro-Aktiv-Zentren aus der aktuellen Förderung) und zur Reintegration von Langzeitarbeitslosen in den Arbeitsmarkt beitragen (aktuell z.B. das Landesprogramm „Arbeit durch Qualifizierung").

Kernelemente:
- Soziale Innovationen für die schwächsten Bevölkerungsgruppen (z.B. Behinderte, Migranten)
- Förderung der Allgemeinen und Beruflichen Bildung
- Unterstützung bei der Schaffung von Beschäftigungsmöglichkeiten

2. Auswirkungen von „Europa 2020" auf die künftige Förderung

Nach der bisherigen Interpretation der Strategie „Europa 2020" sind insbesondere für die EFRE-Förderung erhebliche Auswirkungen zu erwarten. Diese sind in der nachfolgenden Grafik (Übersicht der Förderbereiche der Förderperiode 2007-2013) exemplarisch in Form von farblichen Hervorhebungen dargestellt.

Die dabei verwendeten Graustufen stellen die (denkbare) Zuordnung zu Prioritäten und Leitinitiativen dar. Dunkle Felder mit weißer Schrift weisen auf einen ggf. erheblichen Anpassungsbedarf des entsprechenden Förderbereiches hin. Weiße Felder stehen für einen voraussichtlichen Entfall der Förderfähigkeit des entsprechenden Bereiches. Auf den Sonderfall der städtischen Entwicklung (gepunktete Fläche) wird im hinteren Teil des Textes separat eingegangen.

Demnach ist zu befürchten, dass etliche Programme der gegenwärtigen Förderperiode zukünftig aus der Förderung herausfallen:
- wirtschaftsnahe Infrastruktur,
- der Kulturbereich,
- die Film- und Multimediaförderung,
- Brachflächenrecycling,
- Kommunale Abwasserentsorgung und
- Gesundheitsinfrastruktur.

Dann gibt es eine Reihe von Bereichen mit Anpassungsbedarf. Dazu gehören:
- die einzelbetriebliche Förderung,
- die regionalisierten Teilbudgets,
- die Beratungsförderung,
- die Wachstumskonzepte (incl. Netzwerke und Cluster-Förderung), aber auch
- der Innovations-Inkubator aus Lüneburg,
- Natura 2000 und
- die touristische Infrastruktur[1].

All diese Programme müssten zur Weiterführung der Förderung eine deutliche Anpassung und Zuspitzung auf bestimmte Fragestellungen erfahren. Dies bedeutet z.B.:

Eberhard Franz

Abb. 1: Wirkung auf die niedersächsischen EFRE-Programme

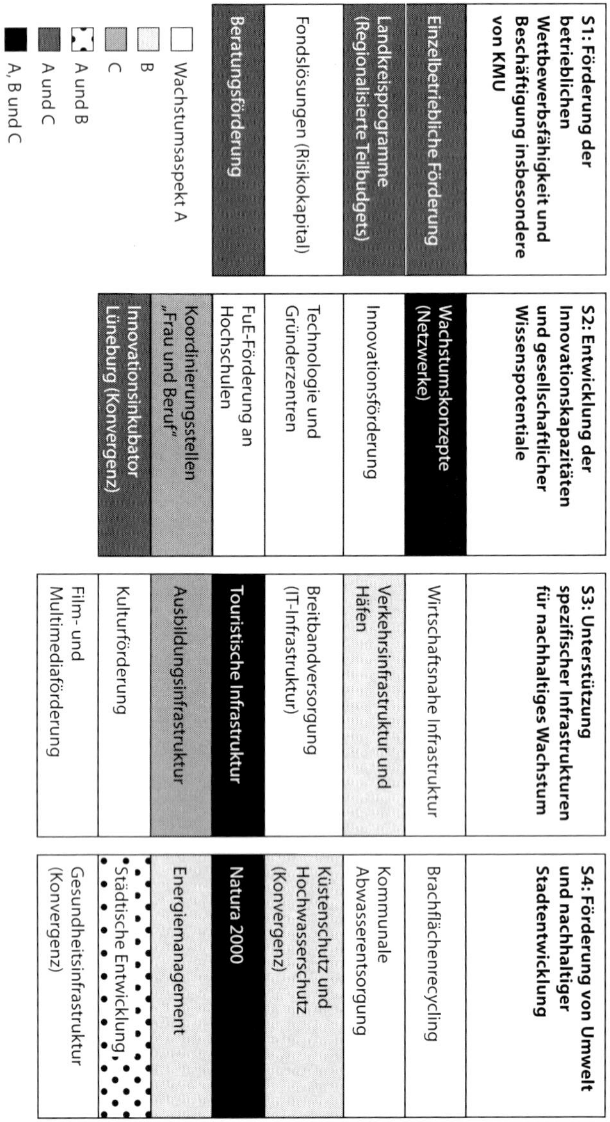

Legende:
- ■ Wachstumsaspekt A
- ▨ B
- ⊠ C
- ▢ A und B
- ▢ A und C
- ▢ A, B und C

S1: Förderung der betrieblichen Wettbewerbsfähigkeit und Beschäftigung insbesondere von KMU	S2: Entwicklung der Innovationskapazitäten und gesellschaftlicher Wissenspotentiale	S3: Unterstützung spezifischer Infrastrukturen für nachhaltiges Wachstum	S4: Förderung von Umwelt und nachhaltiger Stadtentwicklung
Einzelbetriebliche Förderung	Wachstumskonzepte (Netzwerke)	Wirtschaftsnahe Infrastruktur	Brachflächenrecycling
Landkreisprogramme (Regionalisierte Teilbudgets)	Innovationsförderung	Verkehrsinfrastruktur und Häfen	Kommunale Abwasserentsorgung
Fondslösungen (Risikokapital)	Technologie und Gründerzentren	Breitbandversorgung (IT-Infrastruktur)	Küstenschutz und Hochwasserschutz (Konvergenz)
Beratungsförderung	FuE-Förderung an Hochschulen	Touristische Infrastruktur	Natura 2000
	Koordinierungsstellen „Frau und Beruf"	Ausbildungsinfrastruktur	Energiemanagement
	Innovationsinkubator Lüneburg (Konvergenz)	Kulturförderung	Städtische Entwicklung
		Film- und Multimediaförderung	Gesundheitsinfrastruktur (Konvergenz)

- eine weit stärkere Ausrichtung auf Innovation als bisher oder
- eine konsequente Orientierung an den Nachhaltigkeitszielen und -kriterien.

In der gegenwärtigen Förderperiode ist die Unternehmensförderung (sowohl im Bereich der Landesprogramme als auch im Bereich der kommunalen KMU-Programme) noch inhaltlich breit aufgestellt, und umfasst alle Aspekte betrieblicher Investitionen. Dieses Spektrum wird sich zukünftig deutlich verengen. Das bedeutet, der normale Erweiterungsbau, die neue Halle und auch das Hochregal werden nicht mehr förderfähig sein. Aber Investitionen für neue ökologische Fertigungsmethoden, z.b. um den Ressourceneinsatz deutlich zu reduzieren, und um Abgase zu filtern, oder den Lärmschutz deutlich zu verbessern, könnten beispielhafte Aspekte sein, welche betriebliche Investitionen auch zukünftig förderfähig machen würden.

All dies wird den Charakter von Investitionsförderung sehr stark verändern, und auch die „Regionalisierten Teilbudgets" betreffen. Auch dieser Bereich wird künftig deutlichen Vorgaben, und einer konsequenten Ausrichtung an Innovations- und Nachhaltigkeitskriterien unterliegen; ganz anders als noch in der gegenwärtigen Förderperiode.

Aber auch in den nicht-schraffierten Bereichen wird es sowohl inhaltlich als auch finanziell zu Anpassungen kommen:
- bei den Fondslösungen hat die EU-Kommission in den letzten Wochen noch einmal deutlich gemacht, dass sie hier zukünftig ein deutliches höheres finanzielles Eigenengagement der Mitgliedstaaten erwartet,
- im Verkehrsbereich wird der Straßenbau voraussichtlich komplett aus der Förderung herausfallen (so wie bisher bereits im RWB-Gebiet), dafür werden andere Fragen wie z.b. Elektromobilität deutlich an Gewicht gewinnen und
- die Innovationsförderung wird sich deutlich vom Forschungsrahmenprogramm abgrenzen und zugleich daran anknüpfen müssen (hier sind durchaus noch größere Detailprobleme zu erwarten).

Für den ESF ist nach heutigem Kenntnisstand keine derartig umfassende inhaltliche Neuorientierung zu erwarten. Gleichwohl ist eine neue Akzentuierung verbunden mit einer eventuellen inhaltlichen und finanziellen Schwerpunktverschiebung auch dort nicht auszuschließen. So ist bisher z.B. nicht abschätzbar, welche Vorgaben die EU-Kommission zur Erreichung des Zieles der Armutsbekämpfung in den Mitgliedstaaten im Rahmen der künftigen Programmgenehmigung machen wird.

Abb. 2: Wirkung auf die niedersächsischen ESF-Programme

PA A: Steigerung der Anpassungs- und Wettbewerbsfähigkeit von Beschäftigten und Unternehmen	PA B: Förderung des Humankapitals	PA C: Verbesserung des Zugangs zu Beschäftigung sowie soziale Eingliederung von benachteiligten Personen
Individuelle Weiterbildung in Niedersachsen (IWiN)	Ausbildungsplatzakquisiteure	Arbeit durch Qualifizierung (AdQ)
Weiterbildungsoffensive für den Mittelstand (WOM)	Ideen-EXPO	Existenzgründung aus der Arbeitslosigkeit
Förderung der Integration von Frauen in den Arbeitsmarkt (FIFA) - Beschäftigte Frauen	Ausbildungsverbünde und Auszubildende aus Insolvenzbetrieben	Qualifizierung und Integration von arbeitslosen Straffälligen
DIA (Transferförderung)	Überbetriebliche Lehrlingsunterweisung (ÜLU)	Programme der Jugendhilfe (Jugendwerkstätten, Pro-Aktiv-Centren)
☐ Wachstumsaspekt A ■ C	Innovative Projekte der beruflichen Bildung	Förderung der Integration von Frauen in den Arbeitsmarkt (FIFA) - arbeitslose Frauen
	Kompetenzzentren	
	Inklusion durch Enkulturation (nur Ziel Konvergenz)	

Konsequenzen des KOM-Vorschlages zu EU-2020
- Gravierende Veränderung insbesondere in der EFRE-Förderung zu erwarten
- Weiterführung von Infrastrukturförderung, Kultur und Teilen der Umweltprogramme gefährdet
- Regionaler oder thematischer Ansatz?
- Unternehmensförderung sehr viel stärker als bisher auf den Innovationsförderung konzentriert (im EFRE)
- geringe Veränderungen im ESF (evtl. stärkere Öffnung für sozialpolitische Themen)

Eberhard Franz

3. Kurzbewertung der Kernaussagen des 5. Kohäsionsberichtes

Die Kernaussagen sind den folgenden beiden Folien zusammenfassend dargestellt:

Abb. 3: Künftige Gebietskulisse lt. 5. Kohäsionsbericht

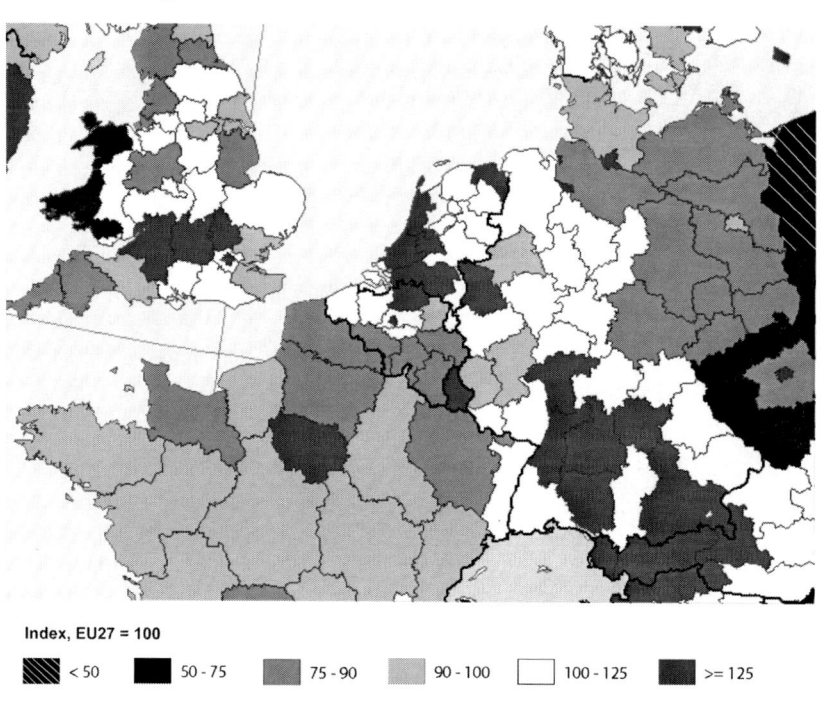

Index, EU27 = 100

< 50   50 - 75   75 - 90   90 - 100   100 - 125   >= 125

Kernelemente des 5. Kohäsionsberichtes
- Bewahrung des kohäsionspolitischen Gesamtgefüges aus EFRE und ESF
- Weiterführung des horizontalen Ansatzes
- Ggf. Einführung einer Zwischenkategorie 75-90 % BIP
- Konzentration auf wenige Prioritäten (in den RWB-Gebieten)
- Höhere Verbindlichkeit der Programmziele durch Verträge mit KOM
- Überaus starke Betonung der städtischen Dimension
- Künftiges Mittelvolumen schwer vorhersagbar (deutlicher Mittelrückgang zu erwarten, vor allem im EFRE)

Eberhard Franz

In jedem Fall ist es positiv zu bewerten, dass die Kommission mit dem Kohäsionsbericht erstmals in der aktuellen Debatte ein klares Signal zur Weiterführung der horizontalen Förderung auch in den Ziel 2/RWB-Gebieten gegeben hat. Die politischen Initiativen, welche auch Niedersachsen aktiv begleitet und z.T. maßgeblich vorangetrieben hat, sind damit erfolgreich gewesen (wie es scheint).

Noch kann jedoch nicht abschließend bewertet werden, wie hoch der finanzielle Wert dieses Erfolges ausfällt. Denn eine horizontale Förderung ist nur in Kombination mit einer adäquaten Mittelausstattung sinnvoll, die eine flächendeckende Fördertätigkeit letztlich erst ermöglicht.

Ein Faktor, der dabei wesentlich über den Umfang der künftigen Förderung in Westdeutschland entscheidet, ist die genaue Ausgestaltung des künftigen Zwischenziels („Ziel 1,5"). Zu diesem „Ziel 1,5" soll nach Darstellung der EU-Kommission neben den ostdeutschen Gebieten auch die Region Lüneburg als einziges westdeutsches Gebiet gehören.

Noch wichtiger als die Frage der Gebietskulisse ist jedoch die Finanzierung dieses Übergangszieles. Sollte diese aus dem Budget der künftigen RWB/Ziel 2-Förderung erfolgen, wäre zu befürchten, dass der hohe Anteil der Übergangsgebiete in Deutschland dazu führen würde, dass diese Gebiete den bei weitem größten Teil der Fördermittel absorbieren würden. D.h., in den „echten" RWB/Ziel-2 Gebieten" würde nur noch eine Minimalförderung erfolgen. Um diese Entwicklung zu verhindern, setzt sich Niedersachsen zusammen mit den anderen Bundesländern für eine vollständige Finanzierung des Übergangsziels aus den Mitteln der künftigen Ziel 1/Konvergenz-Förderung ein.

Ein weiterer limitierender Faktor des künftigen Budgets wird der Haushaltsrahmen der EU sein. Dieser beträgt zurzeit ca. 1,07 Prozent des EU-BIP. Momentan wird zwischen den Mitgliedstaaten intensiv über die Höhe dieses Mittelansatzes diskutiert. Die Bundesregierung setzt sich dabei zusammen mit anderen Mitgliedstaaten für einen Wert in Höhe von einem Prozent des EU-BIP ein. Es gibt jedoch durchaus Mitgliedstaaten, die diesen Wert vor dem Hintergrund ihrer eigenen Haushaltsprobleme gerne noch weiter absenken würden.

Insgesamt ist deshalb damit zu rechnen, dass sich Mittelansätze insgesamt in der Förderperiode 2014-2020 deutlich reduzieren werden.

4. Die städtische Dimension

Obwohl der Kohäsionsbericht an verschiedenen Stellen die herausgehobene Bedeutung der städtischen Dimension betont, fehlt der Bereich der städtischen Entwicklung in der Auflistung der Fördertatbestände von „Europa 2020".

Dieser scheinbare Widerspruch zwischen Strategie und Kohäsionsbericht könnte ein schlichter Lapsus sein (d.h. die städtische Entwicklung wäre bei der Auflistung der Maßnahmen in „Europa 2020" einfach vergessen worden) oder auf einen Paradigmenwechsel im Bereich der Förderung der städtischen Entwicklung hindeuten.

Die letztgenannte Variante (die inhaltlich durchaus zum ganzheitlichen Anspruch von „Europa 2020" passen würde) hätte dann eine Umorientierung der Förderung, weg von baulichen Investitionen („weniger Beton") und hin zu einer ganzheitlicheren problemorientierten Betrachtung (soziale Probleme in Stadtteilen, Verkehrsprobleme, ökologische Anforderungen) und Förderung der damit verbundenen Maßnahmen, zur Folge.

Die starke Betonung der städtischen Dimension im Kohäsionsbericht führt aber auch dazu, dass die überwunden geglaubten Stadt-Land-Gegensätze in den Diskussionen um die Aufstellung der künftigen EU-Programme neue Nahrung erhalten werden.

So umfassen die niedersächsischen EU-Programme auch deshalb so ein breites Spektrum unterschiedlicher Förderprogramme, um sicherzustellen, dass städtische und ländliche Gebiete gleichermaßen die Förderung in Anspruch nehmen können. Wie die Auswertung der bisherigen Förderergebnisse in den nachfolgenden Übersichten zeigt, war dieser Ansatz sowohl bezüglich der Mittelverteilung (im gesamten Landesgebiet wurden – in unterschiedlicher Intensität – EU-Mittel eingesetzt) als auch im Bezug auf die Erreichung der Programmziele (z.B. hohe Anzahl geschaffener Arbeitsplätze, erhebliche Mobilisierung von Investitionen, etc.) sehr erfolgreich.

Abb. 4: Räumliche Mittelverteilung EFRE (2007-2013)

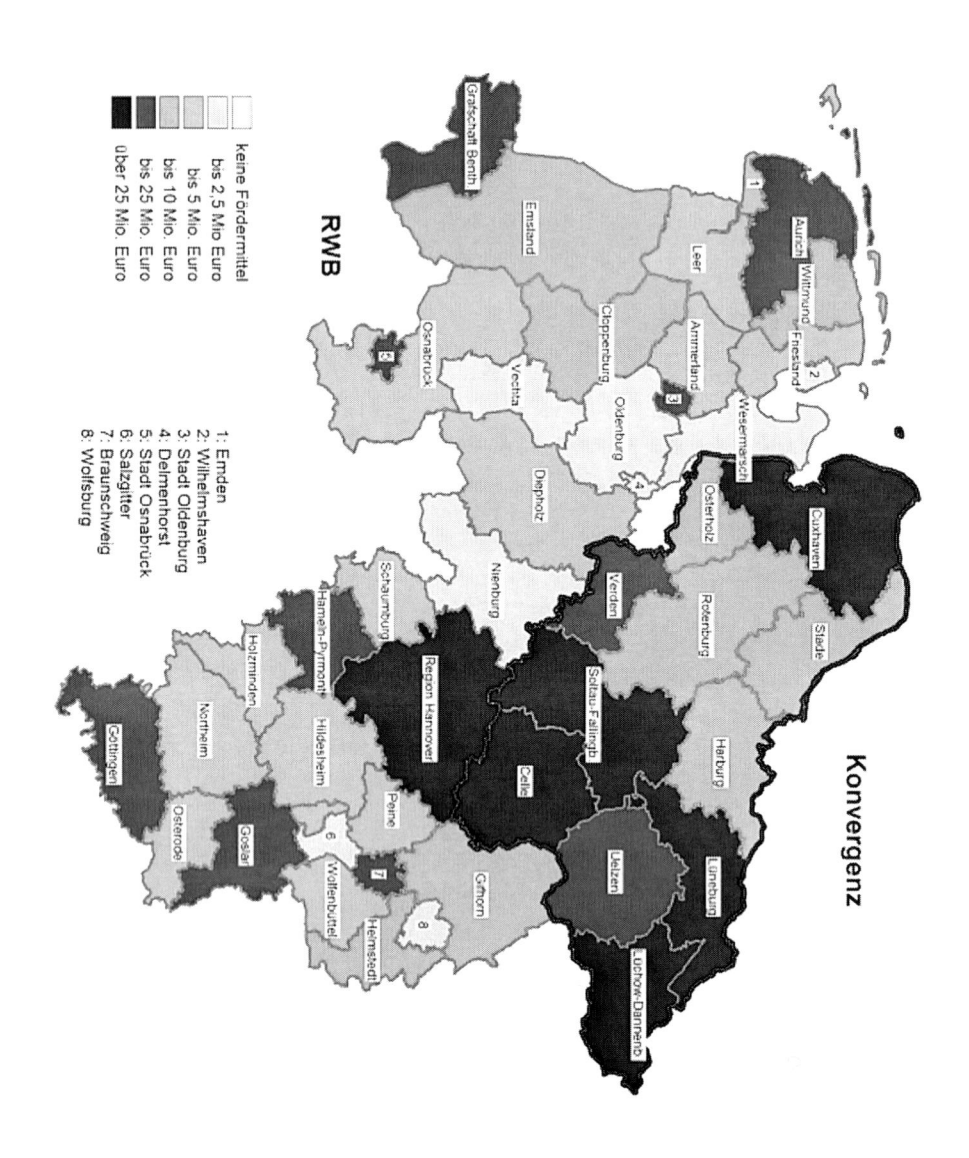

Eberhard Franz

Abb. 5: Räumliche Mittelverteilung ESF (2007-2013)

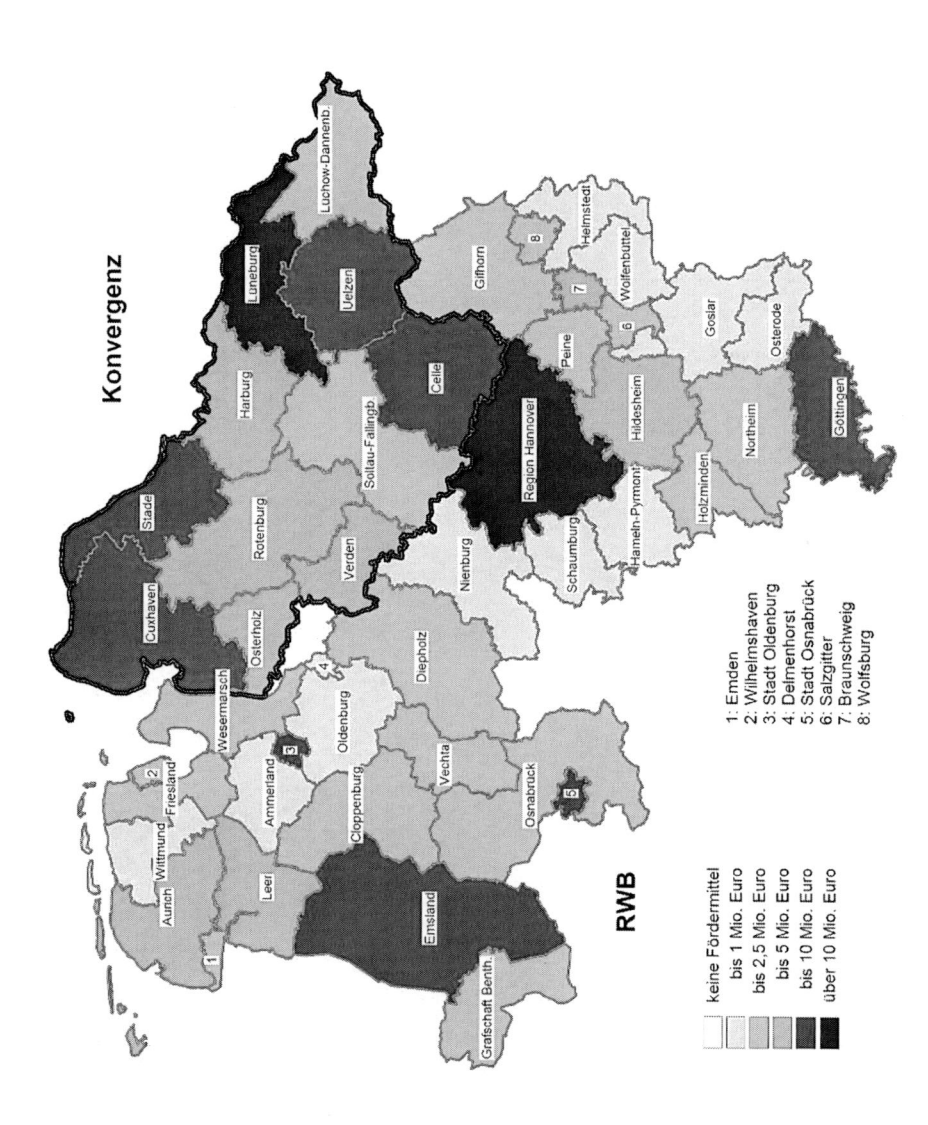

Abb. 6: Materielle Ergebnisse der EFRE-Umsetzung (Datenstand Ende 2010)

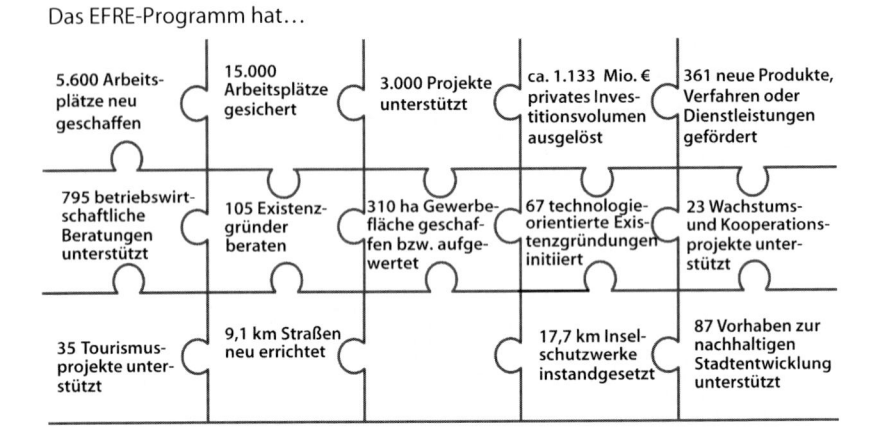

Das EFRE-Programm hat…

5.600 Arbeitsplätze neu geschaffen	15.000 Arbeitsplätze gesichert	3.000 Projekte unterstützt	ca. 1.133 Mio. € privates Investitionsvolumen ausgelöst	361 neue Produkte, Verfahren oder Dienstleistungen gefördert
795 betriebswirtschaftliche Beratungen unterstützt	105 Existenzgründer beraten	310 ha Gewerbefläche geschaffen bzw. aufgewertet	67 technologieorientierte Existenzgründungen initiiert	23 Wachstums- und Kooperationsprojekte unterstützt
35 Tourismusprojekte unterstützt	9,1 km Straßen neu errichtet		17,7 km Inselschutzwerke instandgesetzt	87 Vorhaben zur nachhaltigen Stadtentwicklung unterstützt

Abb. 7: Materielle Ergebnisse der ESF-Umsetzung (Datenstand Ende 2010)

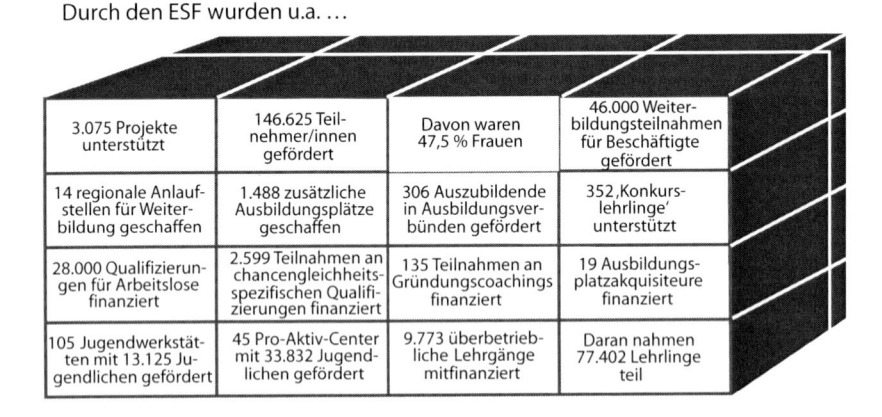

Durch den ESF wurden u.a. …

3.075 Projekte unterstützt	146.625 Teilnehmer/innen gefördert	Davon waren 47,5 % Frauen	46.000 Weiterbildungsteilnahmen für Beschäftigte gefördert	
14 regionale Anlaufstellen für Weiterbildung geschaffen	1.488 zusätzliche Ausbildungsplätze geschaffen	306 Auszubildende in Ausbildungsverbünden gefördert	352 ‚Konkurslehrlinge' unterstützt	
28.000 Qualifizierungen für Arbeitslose finanziert	2.599 Teilnahmen an chancengleichheitsspezifischen Qualifizierungen finanziert	135 Teilnahmen an Gründungscoachings finanziert	19 Ausbildungsplatzakquisiteure finanziert	
105 Jugendwerkstätten mit 13.125 Jugendlichen gefördert	45 Pro-Aktiv-Center mit 33.832 Jugendlichen gefördert	9.773 überbetriebliche Lehrgänge mitfinanziert	Daran nahmen 77.402 Lehrlinge teil	

5. Zusammenfassung und Ausblick

Zusammenfassend lässt sich feststellen, dass insbesondere für den Bereich des EFRE gravierende Veränderungen in der Förderung zu erwarten sind, die frühzeitig bei der Aufstellung neuer Strategien und Förderprogramme zu berücksichtigen sind.

Dies gilt umso mehr, als die EU-Kommission eine Verwendung von EU-Mittel für eine „Nicht-Europa 2020"-konforme Verwendung von vornherein ausschließt. D.h., das so genannte „Earmarking" wird nicht fortgesetzt. Zukünftig ist der Einsatz von EFRE- und ESF-Mitteln nur noch im Zusammenhang mit den hier dargestellten 7 Leitinitiativen zulässig.

Darüber hinaus stellt sich die Frage, inwieweit räumliche oder thematische Konzentrationen von der Kommission gefordert werden und/oder aufgrund eines veränderten Budgets ggf. sogar zwingend geboten sein könnten?

Hierzu gehört auch die von der EU-Kommission im Kohäsionsbericht angekündigte verpflichtende Mittelkonzentration auf eine oder zwei Prioritäten bei kleineren Programmen. Hier wird zu klären sein,

- welche Programme nach den EU-Kriterien als „klein" gelten, und
- was die EU-Kommission unter dem Begriff „Prioritäten" versteht. Sollte sie dabei „Prioritäten" mit Leitinitiativen gleichsetzen, würde dies zu erheblichen Problemen und Verwerfungen bei der künftigen Programmaufstellung (auch zum Beispiel unter Stadt-Land-Aspekten) führen.

Wie die abschließende Übersicht zeigt, wird es aber auch nach 2013 noch etliche Bereiche geben, in denen EU-Mittel zum Nutzen des Landes und zur Unterstützung von landespolitischen Initiativen und zur Erreichung der damit verbundenen Ziele beitragen können.

Mögliche EFRE und ESF-Schwerpunkte ab 2014

EFRE
- Beteiligungsfonds
- einzelbetriebliche Förderung zur gezielten Unterstützung von Energieeinsparung und umweltfreundlichen Herstellungsmethoden
- Innovationsförderung
- Netzwerk- und Clusterförderung
- Breitbandausbau
- Verkehrsmanagement, Nahverkehr, Elektromobilität (kein Straßenbau und voraussichtlich auch keine Häfen)
- Tourismus

Eberhard Franz

ESF
- Modellprojekte mit Wirtschafts- und Sozialpartnern
- Gezielte Weiterbildungsförderung (Internetnutzung, Nachhaltigkeit, FuE
- Eingliederung von Langzeitarbeitslosen
- Beschäftigungsförderung
- Allgemeine und berufliche Bildung

Anmerkung

1 Diese Entwicklung ist insbesondere aus Sicht des Wirtschaftsministeriums sehr positiv zu bewerten. So wurde in den Verhandlungen um das operationelle Programm der Förderperiode 2007-2013 der Tourismus seitens der EU-Kommission inhaltlich und finanziell stark abgewertet, wohingegen der Bereich der Kulturförderung eine deutliche Aufwertung erfuhr. Diese Entwicklung war seinerzeit durchaus überraschend, da der Tourismus bisher EU-seitig ein hohes Gewicht besaß, und lange Zeit (von 1994 bis 2008) sogar als eigener Programmschwerpunkt geführt wurde. Mit „Europa 2020" wird nunmehr die Bedeutung der Tourismusförderung auf den ursprünglichen (hohen) Wert angehoben. Die Kulturförderung ist dagegen (was ebenfalls überraschend ist) nicht länger als eigenständiger Fördertatbestand genannt.

Arno Brandt

Strukturpolitik 3.0

Dani Rodrik, einer der bedeutendsten Wirtschaftshistoriker der Gegenwart, hat vor kurzem daran erinnert, dass die besondere Fähigkeit des Kapitalismus gerade darin besteht, sich immer wieder neu zu erfinden. Dabei spricht er von Prozessen, die über viele Jahre verlaufen und von den Zeitgenossen in ihrer Bedeutung nur schwer einzuschätzen sind. Doch während in diesen Übergangsphasen die öffentlichen Debatten noch von jenen bestimmt werden, die mit alten und inzwischen untauglichen Mitteln Besitzstände und Privilegien sichern wollen, greifen längst neue Mechanismen und Strukturen, die ganz neue Chancen und Risiken bieten und deshalb auch nach neuen Antworten verlangen.

1. Krisen und Kapitalismus

Tatsächlich spricht vieles dafür, dass wir gerade wieder an der Schwelle zu einer dieser Neuerfindungen stehen. Und wenn diese (ausreichend begründete) Annahme zutrifft, wird diese Zäsur ausgerechnet von der jüngsten Weltwirtschaftskrise markiert, die im September 2008 mit der Insolvenz der Lehman Brothers schlagartig manifest wurde. Denn dabei haben wir es mit wesentlich mehr als „nur" einer Finanz- oder Bankenkrise zu schaffen,[1] sondern mit dem Anfang vom Ende eines fast 40 Jahre dominierenden Wirtschaftsmodells, das von den Finanzmärkten getrieben war (Wallstreet-Modell). Insofern repräsentiert die Krise das Endprodukt des Wandels von realkapitalistischen zu finanzkapitalistischen Rahmenbedingungen.[2] Nach Rodrik befinden wir uns derzeit im Übergang zu einem Kapitalismus 3.0,[3] der allerdings heute bestenfalls erst in groben Konturen zu erkennen ist. In den kommenden Jahren wird es jedoch vor allem die Aufgabe einer neu zu formulierenden Struktur- und Industriepolitik sein, die Durchsetzung einer nachhaltigen Wachstumsstrategie für das 21. Jahrhundert aktiv zu fördern und damit eben auch neue Antworten und Strategien für den Kapitalismus 3.0 zu finden.

Große Wirtschaftskrisen sind mit tief greifenden Veränderungen der Produktions- und Konsumweisen sowie mit neuen Regulierungsbedingungen verbunden.[4] Sie sind unausweichlich Auslöser einer Umgestaltung, die mit weit reichenden strukturellen und institutionellen Änderungen der wirtschaftlichen, sozialen und kulturellen Ordnung einhergehen. Weil kein Problem mit den gleichen Mitteln bewältigt werden kann, die es selbst hervorgebracht haben (Albert Einstein), leiten sie einen Paradigmenwechsel ein, der neue Sichtweisen, Theorien und Ideologien zum Ausdruck bringt und schließlich eine neue Wirtschafts-, Sozial- und Kulturlandschaft erzeugt. Die Krise „wird mittlerweile von vielen als tiefer gehende soziale, vielleicht auch politische Wendemarke gesehen.[5] Große Krisen unterscheiden sich von den „kleinen" Krisen eben dadurch, dass sie die Impulse ihrer eigenen Überwindung nicht aus sich selbst heraus hervorbringen.[6]

Seit der industriellen Revolution hat jede große Krise eine Neujustierung im Verhältnis von Markt und Staat hervorgebracht; zuletzt infolge der Weltwirtschaftskrise von 1929 eine „gemischtwirtschaftliche" Wirtschaftverfassung, bei der dem Staat eine zentrale Funktion bei der Stabilisierung wirtschaftlicher Prozesse beigemessen wurde. Dieses keynesianische Wirtschaftsmodell („Kapitalismus 2.0"), das seit dem Zweiten Weltkrieg für einige Jahrzehnte überaus erfolgreich war, ist aus unterschiedlichen Gründen – nicht zuletzt infolge des Globalisierungsprozesses – an seine Grenzen gestoßen. Seither haben wir eine Phase wirtschaftlicher Entwicklung erlebt, die maßgeblich von einem weitgehend deregulierten Finanzmarkt dominiert war. Dieser Entwicklungstyp hat sich jedoch nicht als nachhaltig erwiesen. Offensichtlich erleben wir derzeit eine Phase aktiver, z.T. widersprüchlicher Suchbewegungen, die am Ende auf eine neue Balance zwischen Markt und Staat hinauslaufen.[7]

Für Dani Rodrik steht fest, das der „Kapitalismus 3.0" den Prozess der Globalisierung weiterführen wird, zweifelsohne aber unter neuen regulativen Voraussetzungen: „Die Lehre besteht darin, dass wir den Kapitalismus für ein Jahrhundert neu erfinden müssen, in dem die Kräfte der wirtschaftlichen Globalisierung noch viel stärker wirken werden als zuvor. Ebenso wie sich der Minimalkapitalismus von Adam Smith zur gemischten Ökonomie von J.M. Keynes entwickelte, müssen wir den Übergang von der nationalen Version der gemischten Ökonomie zu deren globalen Pendant schaffen".[8] Bis dies gelingt, wird es eines längerfristigen – wahrscheinlich von Krisen begleiteten – Verständigungsprozesses bedürfen, der verschiedene Zwischenetappen durchlaufen wird, von denen die Realisierung einer gemeinsamen Wirtschafts-, Finanz- und Sozialpolitik im Rahmen der EU sicherlich eine der bedeutendsten sein wird. Die aktuellen Auseinandersetzungen um die notwendige Vertiefung des Europäisierungsprozesses zugunsten einer „gemeinsamen Wirtschaftsregierung" bilden nur den Auftakt zu einer schwierigen und längerfristigen Entwicklung, an deren Ende die „Vereinigten Staaten von Europa" stehen können.

Die Vertiefung und Demokratisierung des Europäisierungs- und Globalisierungsprozesses ist aber nur eine Dimension der Veränderungen, die im Gefolge der jüngsten Weltwirtschaftskrise anstehen. Große Krisen bringen grundlegende Umwälzungen der wirtschaftlichen und sozialen Ordnung mit sich, die sich längst nicht allein auf die wirtschaftlichen und finanziellen Verhältnisse beziehen. Was wir jetzt erleben, sind die Vorboten einer völlig neuen Wirtschaftslandschaft.[9] Ähnlich wie die Weltfinanzmarktkrise führt auch der GAU von Fukushima zu einer Wegscheide, die den Ausstieg aus ökologisch problematischen Technologiepfaden möglich macht und Wege zu einer nachhaltigen Wirtschaftsweise eröffnet. „Die Finanzkrise und die Atomkatastrophe von Japan: Wir haben in den letzten Jahren zwei Desaster erlebt, die zeigen, dass wir zu wenig getan haben gegen Risiken, die die Welt ins Unheil stürzen können."[10] Beide Ereignisse sind Resultat jenes Zeitgeistes, der primär auf die Selbstregulierung des Marktes setzte und dazu neigte, die Rolle des demokratischen Staates als regulierende und kontrollierende Instanz verächtlich zu machen. Unzureichende bzw. fehlende Regulierung war bei beiden Großkrisen mit im Spiel. Der Glaube, dass es im Eigeninteresse der Kraftwerksbetreiber oder Investmentbanker liege, das Notwendige zu tun, um Schaden fernzuhalten, stand in den letzten beiden Jahrzehnten hoch im Kurs und hat sich mittlerweile gründlich desavouiert.

2. Strukturen im Wandel

Der gegenwärtige wirtschaftliche Strukturwandel lässt sich als Übergang zur Innovations- oder Wissensökonomie beschreiben, weil Wissen zum entscheidenden Produktionsfaktor wird. Dies zeigt sich sowohl an dem zunehmenden Anteil an Informationsgütern als auch an dem wachsenden Anteil von Wissen an den in den Industrieländern produzierten Gütern und Dienstleistungen. Auch eine erfolgreiche Strategie des Umstiegs in das solare Zeitalter wird vor allem auf eine Ressource zwingend angewiesen sein: Wissen. Die wissensintensiven Wirtschaftbereiche haben sich bereits in der Vergangenheit deutlich dynamischer entwickelt als die nicht-wissensintensiven Wirtschaftsbereiche. Investitionen in Forschung und Entwicklung, der Trend zur Höherqualifizierung und die Dynamik der Wissensvernetzung sind die wesentlichen Charakteristika einer wissensbasierten Ökonomie der Zukunft.[11]

Die Wissensökonomie ist nicht die Fortsetzung vorgängiger Wachstumsmodelle mit den Mitteln zusätzlichen Wissens. Sie ist vielmehr eine Wachstumskonstellation, die in weiten Bereichen einer anderen Funktionslogik folgt und andere Koordinierungsmechanismen in das Zentrum des ökonomischen Systems rückt. So weist Strambach darauf hin, das Wissensaustauschprozesse im Unterschied zum Austausch materieller Güter, der ganz überwiegend über den Preismechanismus koordiniert wird, maßgeblich durch Vertrauen und Reputation sowie durch soziale Netzwerke gekennzeichnet sind. Wenn es um Wissen geht, hat die soziale Dimension daher im wirtschaftlichen Handeln eine ungleich größere Bedeutung als bei materiellen Gütern.[12] Bei der Koordination von Innovationen versagen Märkte in der Regel, weil die erforderlichen Innovationen zu einem großen Teil nicht explizierbar sind und daher nicht als standardisierbare Ware zur Verfügung stehen und zudem vielfach das Problem der asymmetrischen Informationsverteilung auftritt. Aufgrund derartiger Erscheinungsformen des Marktversagens und weil hierarchische Koordinationsformen als zu starr gelten, spielen netzwerkartige Koordinationsformen als Alternative zum Preismechanismus (Markt) und zum Anweisungsmechanismus (Hierarchie), im Kontext von Innovationsprozessen eine zentrale Rolle. Kooperation bedingt Vertrauen, das insbesondere der Reduktion von Unsicherheit dient.

Angesichts der Reaktorkatastrophe von Fukushima sind zumindest in Deutschland – aber nicht nur hier – die Tage der Nukleartechnologie gezählt und das Tor zu einer breiten Nutzung der erneuerbaren Energien ist weit geöffnet. Die Energiewende kann auch erfolgreich auf den Weg gebracht werden, ohne auf zusätzliche klimaschädliche Verbrennung von Kohle zurückzugreifen, wie Hans Joachim Schellnhuber, Direktor des Potsdam-Instituts für Klimaforschung, argumentiert.: „Seriöse Potentialanalysen belegen, wie Sonne, Mond und Erde unsere Zivilisation nachhaltig antreiben können: Die solare Kernfusion (Photovoltaik, Windkraft), die geologische Kernspaltung (Erdwärme), die biologische Photosynthese (Biomasse) und die lunare Gravitation (Tidenhub) bieten einen unbedenklichen klimaneutralen Energiemix, der unsere Zivilisation durch viele Jahrtausende tragen würde. Bis 2050 lässt sich mit kraftvollen Investitionen und hoher Ressourcenintelligenz die globale Energiewende abschließen."[13]

Neben der Energiewende rückt auch der Ausstieg aus dem fossilen Zeitalter immer mehr auf die politische Agenda, weil der Klimawandel und die zunehmende Verknappung der Ressourcen zum Umdenken und Umlenken zwingen. „Was schließlich die negativen Begleiterscheinungen der heute dominierenden Wirtschaftsweise angeht, sind zuallererst die Folgen der Verbrennung fossiler Energieträger in Form von Luftverschmutzung und fortschreitender Destabilisierung des Weltklimas durch massenhafte Treibhausgasemissionen zu nennen. Dabei handelt es sich um Nebenwirkungen im eigentlichen Sinne, denn sie entfalten sich unbeabsichtigt, aber mit nahezu tödlicher Sicherheit."[14] Für Joseph Stiglitz gibt es gerade aus ökonomischer Perspektive keine Alternative zu einer Produktions- und Konsumweise, die auf eine drastische Reduzierung der Treibhausgasemissionen setzt: „Für den Planeten gibt es ein weiteres Risiko, das wie die beiden anderen fast mit Sicherheit eintreten wird: globale Erwärmung und Klimawandel. Falls es andere Planeten gäbe, auf die wir im Falle ihres von der Wissenschaft vorhergesagten, nahezu sicheren Eintrittes preiswert umziehen könnten, ließe sich argumentieren, dies sei ein Risiko, das einzugehen sich lohnt. Aber es gibt sie nicht, und daher lohnt auch das Risiko nicht. Die Kosten der Emissionsreduzierung verblassen im Vergleich zu den möglichen Risiken, vor denen die Welt steht."[15] Sowohl der Klimawandel als auch die Rohstofflage verlangen einschneidende Maßnahmen. Auch die EU-Kommission sieht deutlich die Notwendigkeit, die Abhängigkeit von fossilen Rohstoffen zu reduzieren und eine Strategie der Ressourceneffizienz zu einem integralen Bestandteil ihrer Industrie- und Strukturpolitik zu machen. „Die starke Abhängigkeit von fossilen Brennstoffen wie Erdöl und eine ineffiziente Verwendung von Rohstoffen hat dazu geführt, dass unsere Verbraucher und Unternehmen schmerzhaften und kostenträchtigen Preisschocks ausgesetzt sind, die unsere wirtschaftliche Sicherheit bedrohen und zum Klimawandel beitragen."[16]

Arno Brandt

3. Neue Strategien

Die EU Kommission hat im Rahmen ihrer „Europa 2020-Strategie" für diesen Weg die Wachstumsziele vorgegeben:

Intelligentes Wachstum: Entwicklung einer auf Wissen und Innovation gestützten Wirtschaft
Nachhaltiges Wachstum: Förderung einer ressourcenschonenden, ökologischeren und wettbewerbsfähigeren Wirtschaft
Integratives Wachstum: Förderung einer Wirtschaft mit hoher Beschäftigung und ausgeprägtem sozialen und territorialen Zusammenhalt.

Um den notwendigen Strukturwandel zu bewältigen, wird dem Staat und einer kooperierenden Staatengemeinschaft künftig mehr denn je eine aktive Rolle zukommen. Wir brauchen dazu nicht zuletzt eine engagierte Struktur- und Industriepolitik. Die Aussichten auf eine Rückbesinnung zugunsten politischer Gestaltungsfunktionen stehen in diesem Zusammenhang nicht schlecht. So hat Dani Rodrik vor kurzem weltweit die „Rückkehr der Industriepolitik" ausgemacht: „Die Hinwendung zur Industriepolitik ist eine willkommene Anerkennung dessen, was verständige Wirtschaftswachstumsanalysten schon immer wussten: Um neue Industriezweige zu entwickeln, ist häufig ein Anstoß von Regierungsseite erforderlich. Bei diesem Anstoß kann es sich um Subventionen, Kredite, Infrastruktur und Unterstützung anderer Art handeln. Doch sobald man irgendwo an der Oberfläche eines neuen erfolgreichen Industriezweigs kratzt, wird man darunter höchstwahrscheinlich staatliche Hilfen finden."[17] Insbesondere kommt die Neustrukturierung von Industrien in der Regel nicht ohne Staatsinterventionen aus.[18]

Auch die EU-Kommission hat sich zur Aufgabe gesetzt „eine Industriepolitik zu etablieren, die für die Beibehaltung und Weiterentwicklung einer starken wettbewerbsfähigen und diversifizierten industriellen Grundlage in Europa optimale Voraussetzungen schafft und das verarbeitende Gewerbe beim Übergang zu einer energie- und ressourceneffizienteren Wirtschaft unterstützt".[19] Noch sitzt der Schock tief bei den Regierenden, die zur Kenntnis nehmen mussten, dass vor allem jene Volkswirtschaften am härtesten von der Krise betroffen wurden, die nur über eine schwache Industriebasis verfügen. Auch scheint sich immer mehr die Auffassung zu verbreiten, das nur eine Industrie, deren stoffliche Basis den Anforderungen der ökologischen Nachhaltigkeit genügt, auf Dauer Akzeptanz finden wird.

Wenn es einen neuen „Kapitalismus 3.0" geben soll, muss es auch eine „Strukturpolitik 3.0" geben. Wir stehen jetzt am Beginn eines Prozesses der strategischen Neuorientierung dessen, was Strukturpolitik in Zukunft sein kann. Angesichts der anstehenden Herausforderungen gibt es allen Anlass, sie neu zu erfinden. Dies betrifft weniger ihre Instrumente (was auch in Einzelfällen erforderlich sein mag) als vielmehr ihre strategische Ausrichtung und inhaltliche Schwerpunktsetzung. Wie die Neuaufstellung erfolgen kann, sollte vor allem im Hinblick auf die künftige Strukturierung der EU-Förderlandschaft nach 2013 diskutiert werden. Die Strategie „Europa 2020" der EU Kommission liefert für diesen Klärungsprozess eine geeignete Grundlage, die um nationale und regionale Aspekte zu ergänzen ist. Bereits heute erkennbare Eckpunkte dieser Strategie sind:

- Festlegung auf das Zieldreieck eines intelligenten, nachhaltigen und integrativen Wachstums,
- Schwerpunktsetzung zugunsten sogenannter Leitinitiativen in den Bereichen Innovationsförderung, Ressourcen- und Energieeffizienz, Qualifikationsförderung, Beschäftigungsförderung und Armutsbekämpfung,
- Fokussierung der Innovationsstrategien auf innovative Ideen, die dazu beitragen gesellschaftliche Probleme zu lösen,
- Quantifizierte Zielvorgaben in den einzelnen Aktionsfeldern bis 2020 (z.B. 3% des EU BIP für Forschung und Entwicklung, Erreichung eines Hochschulabschluss für 40% der jüngeren Generation, 30% Emissionsreduktion),
- Ausrichtung der Strukturfonds auf die Wachstumsziele und Leitinitiativen.

Weitere Grundlagen dieser Debatte bieten die Hightech-Strategie der Bundesregierung[20] und der Forsight-Prozess des BMF.[21] Dort sind vor allem die Zukunftsfelder, auf die sich eine Struktur- und Industriepolitik künftig beziehen könnte, näher präzisiert. Darüber hinaus stellt der demografische Wandel insbesondere unter den Aspekten des rückläufigen Erwerbspersonenpotenzials und des Fachkräftemangels eine zentrale Herausforderung dar. Diese Themen gilt es auch im Rahmen der regionalen Strukturpolitik zu übertragen und an die spezifischen Bedingungen

Arno Brandt

in den einzelnen Regionen anzupassen. Welche konkrete Gestalt die regionale Strukturpolitik in Zukunft annehmen wird, ist heute bestenfalls in Umrissen erkennbar.

Ein zentraler Stellenwert sollte auf jeden Fall dem Ausbau und der Verbreiterung der Wissensbasis in den Regionen zukommen. Dabei wird es sowohl um quantitative als auch qualitative Aspekte der Wissensproduktion und -vermittlung gehen müssen. Künftig wird sich Strukturpolitik auch mit dem Nährboden kreativer Wissensarbeit beschäftigen und gegebenenfalls Strategien entwickeln müssen, wie derartige Netzwerkprozesse in den Regionen beständig zu verankern sind. Der Leitgedanke der Nachhaltigkeit erfordert ebenso einen Paradigmenwechsel wie mancherorts der Demografische Wandel. Ist bei Ersterem eine Abkehr von extensivem hin zu intensivem Wirtschaften geboten, verlangt Letzterer in manchen Regionen auch die Akzeptanz und aktive Gestaltung von Schrumpfungsprozessen. Und nicht zuletzt wird eine Wirtschafts- und Strukturpolitik für das 21. Jahrhundert auch jene Ignoranz und Indifferenz im Hinblick auf soziale Fragen aufgeben müssen, die als neoliberaler Habitus bislang in den Bonizirkeln der Finanzmetropolen so liebevoll gepflegt wurden.

Ansatzpunkte einer Neupositionierung könnten in diesem Zusammenhang sein:
- Priorisierung zugunsten von Qualifizierung, F&E-Infrastruktur, Wissensvernetzung
- Entwicklung von Leitmärkten, die sich an der Lösung gesellschaftlicher Probleme orientieren (Ressourcen- und Energieeffizienz, Regenerative Energien, Meerestechnik, Gesundheit, gesunde Ernährung, Intelligente Mobilitätskonzepte etc.)
- Fokussierung der Fördermittel auf die Leitmärkte
- Umorientierung von der Investitions- zur Innovationsförderung
- Schwerpunktverlagerung von der technischen zur wissensbezogenen Infrastruktur
- Weiterentwicklung der Investitionsbanken zu Innovationsbanken
- Ausbau von landesweiten Innovations- und Kompetenzzentren
- Ausbau von Kompetenznetzwerken entlang der Leitmärkte
- Verstärkung der Wissensvernetzung (Zusammenarbeit von Wirtschaft und Wissenschaft)
- Verstärkter Einsatz von Wettbewerbsverfahren, um Kreativpotenziale der Teilregionen zur Geltung zu bringen

- Klare Prioritätensetzungen zugunsten interregionaler Kooperationen (Metropolregionen, „Wachstumsregionen")
- Indirekte Förderung kreativer Netzwerke und Milieus in den urbanen Zentren

Alle Anzeichen deuten darauf hin, dass in Deutschland für die Förderpolitik nach 2013 weniger Finanzmittel zur Verfügung stehen als in der Vergangenheit. Die finanziellen Spielräume für die Strukturpolitik werden daher vermutlich enger. Damit befinden wir uns in einer historischen Situation, in der die finanziellen Mittel geringer werden, während sich die Herausforderungen als größer denn je darstellen. Dieser Widerspruch wird nur dann im Rahmen der Strukturpolitik zumindest ansatzweise aufzulösen sein, wenn die künftig verfügbaren finanziellen Ressourcen aus den Strukturfonds mit einem höheren Maß an strukturpolitischer Intelligenz verknüpft werden.

Anmerkungen

[1] Vgl. Stiglitz 2010, S. 244f, Colletis 2009, S. 67ff., Brandt 2009, S. 53ff.
[2] Vgl. Schulmeister 2010.
[3] Vgl. Rodrik 2011, ders., 2009.
[4] Vgl. Rodrik 2009 2010 und 2011.
[5] Vgl. Dahrendorf 2009a, S. 373, vgl. auch ders. 2009b, S. 177ff.
[6] Vgl. Lutz 2011, S.30.
[7] Vgl. Stiglitz, 2010, S. 365.
[8] Rodrik, 2009.
[9] Vgl. Florida 2011.
[10] Vgl. Stiglitz 2011.
[11] Vgl. Brandt et al. 2008.
[12] Vgl. Strambach 2011, S. 19.
[13] Schellnhuber, 2011.
[14] Schellnhuber, 2011.
[15] Stiglitz, 2011.
[16] EU-Kommission: Europa 2020, S.10.
[17] Rodrik, 2010.
[18] Rodrik, 2004, S. 15ff.

Arno Brandt

19   EU-Kommission: Europa 2020, S. 21
20   Vgl. Bundesregierung, 2011.
21   Vgl. BMBF, 2011.

Literatur

Brandt, A. (2009): Die große Krise und die Option einerneuen Wissensökonomie, in: RegioPol – Zeitschrift für Regionalwirtschaft, 2/2009, S. 53-63
Brandt, A., Krätke, St. Hahn, C., Borst, R. (2008): Metropolregion und Wissensvernetzung – Eine Netzwerkanalyse innovationsbezogener Kooperationen in der Metropolregion Hannover – Braunschweig-Göttingen, Münster
BMBF (2011): (www.bmbf-foresight.de).
Bundesregierung 2011 (www.hightech-strategie.de)
Colletis, G. (2009): Industriepolitik im europäischen Rahmen, in: RegioPol – Zeitschrift für Regionalwirtschaft, 2/2009, S. 67-73
Dahrendorf, R. (2009a): Nach der Krise: Zurück zur protestantischen Ethik?, in Merkur, Nr. 720, 5, 2009, S. 373-381
Dahrendorf, R. (2009b): Die Derivatisierung der Welt und ihre Folgen. Ein Gespräch mit Ralf Dahrendorf zum 80. Geburtstag, in: Leviathan 2/2009, S. 177-186
EU Kommission (2010): Europa 2020 – Eine Strategie für intelligentes, nachhaltiges und integratives Wachstum, Mitteilung der Kommission, Brüssel, 3.3.2010
Florida, R. (2010): Reset. Wie wir anders leben, arbeiten und eine neue Ära des Wohlstands begründen werden, Frankfurt/New York
Lutz, B. (2011): Der kurze Traum revisited, in: RegioPol – Zeitschrift für Regionalwirtschaft, 1/2011, S. 27-33
Rodrik, D. (2004): Industrial Policy for the twenty-first century, Cambridge, MA
Rodrik, D. (2009) In Kürze: Kapitalismus 3.0, (www.project-syndicate.org/commentary/rodrik 28/German)
Rodrik, D. (2010): Die Rückkehr der Industriepolitik (http://www.project-syndicate.org/commentary/rodrik42/German)
Rodrik, D. (2011): Das Globalisierungsparadox. Die Demokratie und die Zukunft der Weltwirtschaft, München
Schellnhuber, H. J. (2011): Generationenvertrag: Vorwärts zur Natur, in FAZ vom 3.05.2011
Stiglitz, J. (2010): Im freien Fall. Vom Versagen der Märkte zur Neuordnung der Weltwirtschaft, München
Stiglitz, J. (2011): Glückspiel mit unserem Planeten, in Financial Times Deutschland (FTD), 11.04.2011

Stiglitz, J. (2009): Worauf es ankommt, in: Blätter für deutsche und internationale Politik, 9/2009, S. 43-57

Strambach, S. (2011): Herausforderungen der Wissensökonomie – Strukturen, Prozesse und neue Dynamiken im globalen Strukturwandel, in: RegioPol – Zeitschrift für Regionalwirtschaft, 1/2011, S. 17-25

Schulmeister, St. (2010): Mitten in der großen Krise. Ein „New Deal" für Europa, Wien

Michael Runge*

Zukünftige Regionalpolitik / Regionale Strukturpolitik aus Sicht der Landesregierung

Ich freue mich heute über die Gelegenheit, Ihnen die Sicht der Niedersächsischen Landesregierung zur Zukunft der Regionalen Strukturpolitik darlegen zu können.

Lassen Sie mich meine Ausführungen in zwei Teile gliedern: Zuerst möchte ich kurz auf die Stärken des Landes eingehen, aber auch auf die künftigen Herausforderungen. Im zweiten Teil möchte ich Verbindungen zu den EU-Fördermöglichkeiten herstellen.

Zum ersten Teil: Vergleicht man Niedersachsen mit anderen Ländern, wird klar: Das Land hat viele Ressourcen und verfügt über Stärken, die ihresgleichen suchen. Niedersachsen ist weltweit führend in Technologien wie Fahrzeugbau, Luftfahrt, Lasertechnologie, Hörtechnik und Orthopädietechnik. Niedersachsen besetzt innovative Felder wie Mobilität, Logistik, Energie und Umwelt, Gesundheit und Ernährung.

Und Niedersachsen hat noch weitere Wachstumspotentiale, die es gilt, weiter zu erschließen:
- Wachstumspotential Erholung und Gesundheit
- Wachstumspotential Logistik und Mobilität
- Wachstumspotential Energie
- Wachstumspotential Ernährung und Landwirtschaft

Neben diesen Potentialen hat Niedersachsen auch gut aufgestellte Regionen. Die regionale Zusammenarbeit vor allem zwischen Kommunen, Hochschulen und Wirtschaft ist kennzeichnend für viele im gesamten Landesgebiet bestehende Kooperationen. Sie entwickeln ihre Stärken in selbst bestimmter Formation und ver-

Michael Runge

folgen sehr erfolgreich ihre jeweiligen Regionalstrategien. Die Auflösung der Bezirksregierungen hat diese Aktivitäten noch verstärkt.

1. Herausforderungen für Niedersachsen

Aber wir haben auch strukturelle Problemlagen, wie sie vor allem in Flächenländern vorzufinden sind:

1.1 Demografischer Wandel

Eine sinkende Geburtenrate, eine steigende Lebenserwartung und mehr Bürgerinnen und Bürger mit Migrationshintergrund. In Niedersachsen zeigt sich der demographische Wandel in seiner ganzen Bandbreite: Im Südosten haben wir die Region mit der niedrigsten Geburtenrate in Deutschland mit überdurchschnittlich vielen älteren Mitbürgerinnen und Mitbürgern.

Die neueste Vorausberechnung der Bevölkerung besagt: wenn nichts Außergewöhnliches passiert, wird es 2060 nur noch rund 6,2 Mio. Niedersachsen geben, also über 20 Prozent weniger als heute. Die Zahl der Kinder und Jugendlichen unter zwanzig Jahren könnte von heute rund 1,6 Mio. auf unter eine Mio. fallen. Das wäre ein Minus von fast 40 Prozent. Allein die Schülerzahlen werden in den nächsten zehn Jahren von jetzt rund 940.000 auf rund 750.000 um 20 Prozent zurückgehen.

Dies wirft Fragen auf. Wie sollte auf diese Entwicklung reagiert werden? Welche Antworten sind auf die Tatsache einer immer kleiner und älter werdenden Bevölkerung zu geben? Wie verstehen wir Nachhaltigkeit und rechtfertigen Investitionen, wissentlich, dass diese von immer weniger Menschen genutzt werden? Hinzu kommt, dass diese Investitionen finanzielle Anleihen auf künftige Generationen sind, denn die eingebrachten staatlichen Fördermittel sind vor dem Hintergrund der Verschuldung der öffentlichen Haushalte kreditfinanziert. Muss die bisherige Zielsetzung überdacht werden, auch in Zukunft überall attraktive Lebens- und prosperierende Wirtschaftsräume zu erhalten und auszubauen?

Musterlösungen gibt es nicht und wird es nicht geben. Gefragt ist ein flexibles, auf die lokale Anforderung ausgerichtetes Vorgehen. Viele Lösungen werden nur

Michael Runge

erfolgreich über einzelne Landkreisgrenzen hinweg erreichbar sein. Zu kleinräumige Ansätze laufen Gefahr, nur bedingt und kaum nachhaltig eine gesteigerte Lebensqualität zu bewirken, die regionale Identität zu stärken und zu weiteren Investitionen zu führen. Die Aufgabe des Landes konzentriert sich im Wesentlichen darin, die Regionen bei der Realisierung ihrer Vorhaben durch Bereitstellung von Know-how sowie Fördermitteln zu unterstützen.

1.2 Leistungsfähigkeit der Kommunen

Eine Reihe von Kommunen hat trotz umfangreicher und tiefgreifender Konsolidierungsbemühungen einen Hauhaltsausgleich in den vergangenen Jahren bisher nicht herbeiführen können.

Gerade auch bei strukturpolitischen Interventionen mit EU-Mitteln wird es aber sowohl auf die finanzielle als auch konzeptionelle Leistungsfähigkeit der Kommunen ankommen: einerseits die Realisierung von kommunalen Kofinanzierungsmitteln zur Durchführung von EU-Projekten und andererseits die strategische Umsetzung eines regionalen Strukturwandels.

Deshalb hat die Landesregierung mit den kommunalen Spitzenverbänden bereits im Dezember 2009 in dem „Zukunftsvertrag" vereinbart, neben einer Entschuldung auch durch einen gezielten Strukturwandel die regionale Leistungsfähigkeit der Gebietskörperschaften dauerhaft zu sichern.

Neben dem Element einer finanziellen Entschuldungshilfe zur nachhaltigen Konsolidierung von kommunalen Haushalten wird das Land die Instrumente der regionalen Strukturpolitik in den für die kommunale Entwicklung bedeutsamen Bereichen wie zum Beispiel Tourismus, Arbeitsmarkt und Entwicklung des ländlichen Raumes für strukturschwache Regionen integrativ zur Verfügung stellen. Dabei wird es nicht um neue Finanzmittel gehen, sondern um den zielgerichteten Einsatz verschiedener Förderprogramme.

Entscheidend wird sein, diese Instrumente erfolgreich zur Abstimmung zu bringen und dies gerade in den Rahmenbedingungen deutlich zurückgehender Finanzmittel im nächsten EU-Förderzeitraum. Hierin wird eine der auf Landes- und kommunaler Ebene liegende Kernaufgabe liegen.

Michael Runge

1.3 Entwicklung des ländlichen Raums

Eine weitere Herausforderung wird sein, die Entwicklung aller Teile des Landes sicherzustellen. Hierbei wird es keine Dividierung zwischen dem ländlichen Raum und städtischen Ballungsgebieten geben. Entscheidend wird sein, dass alle Teilräume des Landes ihre Entwicklungschancen nutzen können. Wir setzen uns daher in der Debatte zur Ausgestaltung der künftigen EU-Förderung für einen flächendeckenden Mitteleinsatz in den Regionen ein.

Wir werden stärker als bislang das Förderinstrumentarium auf die Erreichung der Ziele konzentrieren müssen. Separate Regelungen zwischen EFRE und ELER für die Förderung von Projekten der touristischen Infrastruktur, der Breitbandförderung oder von KMU wird es allein aus finanziellen Gründen voraussichtlich nicht mehr geben; ebenso wenig wird es Abgrenzungsregelungen bedürfen.

2. EU-Förderzeitraum 2014 – 2020

Jetzt zum zweiten Teil meiner Ausführungen, der EU-Förderung: Wie werden die Förderinstrumente nach 2014 aussehen? Wie werden wir sie zur Entwicklung des Landes und seiner Regionen einsetzen können?

Die Anforderungen an die künftige EU-Kohäsionspolitik verändern sich zweifellos. Dabei wird es zuerst gar nicht um die Frage gehen, wie wir uns fachlich die Rahmenbedingungen der künftigen Förderung vorstellen. Vorgeschaltet ist die Debatte um die EU-Finanzen, namentlich die Finanzielle Vorausschau 2014 bis 2020. Erst wenn hierzu eine Verständigung zwischen den Staats- und Regierungschefs aller Mitgliedstaaten erzielt wurde, werden die Gestaltungsmöglichkeiten der neuen EU-Kohäsionspolitik erkennbar werden. Die Bundesregierung hat bereits im Kreis der europäischen Nettozahler erklärt, an der bisherigen Höhe der Einzahlungen in die EU festzuhalten und nicht, wie oft in der Vergangenheit bereit ist, sich mit dem Parlament „in der Mitte" zu treffen.

Konkrete Zahlen sind noch nicht in der Diskussion, aber vor zuviel Optimismus ist zu warnen. Realistischerweise muss daher eher von einem deutlichen Mittelrückgang in Niedersachsen ausgegangen werden. Einerseits gibt es auf europäischer Ebene viele neue Ausgabeprioritäten und die vorhandenen wollen auf gleichem Niveau bedient werden. Andererseits müssen wir uns in Niedersachsen fest darauf einstellen, dass die Region Lüneburg ihren Konvergenzstatus aufgrund des sich positiv entwickelnden regionalen Bruttoinlandsprodukts verlieren wird.

Bei den Inhalten der künftigen Förderung zeichnen sich erste Veränderungen ab. Die Europäische Kommission hat mit ihrer am 3. März 2010 veröffentlichten Strategie „EU 2020 – Eine Strategie für intelligentes, nachhaltiges und integratives Wachstum" die Richtung vorgegeben. Wachstum ist in Weiterführung der bisherigen Lissabonstrategie auch in Zukunft weiter ein elementares Ziel in der EU. Der Einsatz der künftigen Strukturfondsmittel hat sich, ebenso wie die Ausrichtung der übrigen EU-Politiken, daran zu orientieren und zur Erreichung dieser Zielsetzung beizutragen. Alle Regionen sollen sich daran beteiligen und Wachstumsimpulse beisteuern.

Am 10. November, also vor einer Woche, veröffentlichte die Kommission den 5. Kohäsionsbericht. Zentral geht es um eine stärkere thematische Konzentration der Maßnahmen, verbunden mit einer strategisch ausgerichteten Programmplanung, sowie eine engere Steuerung bei der Umsetzung der Programme auf nationaler und regionaler Ebene. Auf Basis genauer Entwicklungsstrategien, die im Rahmen der nationalen Reformprogramme zur Umsetzung von Europa 2020 zu erarbeiten sind, strebt die Kommission verbindliche Vereinbarungen mit den Mitgliedstaaten an, deren Umsetzung kontinuierlich verfolgt werden soll. Die Kommission fordert ein flexibles Instrumentarium für die Regionen, sich ausgehend von den Zielen und Prioritäten der EU 2020-Strategie gewissermaßen ein „Menü" mit Blick auf die jeweiligen Herausforderungen vor Ort auszuwählen. Entwicklungsstrategien sollen künftig auf der Grundlage von Zielvereinbarungen im Rahmen eines integrierten Vorgehens umgesetzt werden. Zu Beginn der Programmdurchführung und damit des Mitteleinsatzes soll es Verständigungen über messbare Indikatoren geben, die EU-weit vergleichbar sind. Der Einsatz der EU-Mittel sollte auf Kernprioritäten konzentriert werden. Private sollen sich ebenso an der Finanzierung regionaler Projekte beteiligen.

Die Landesregierung hat sich immer zum wachstumsorientierten Ansatz in der EU-Kohäsionspolitik bekannt und die aktuellen Programme ganz auf die Stärkung regionaler Wettbewerbsfähigkeit sowie Schaffung und Sicherung von Beschäftigung ausgerichtet. An dieser Stelle gehen wir angesichts der Vorschläge der Europäischen

Michael Runge

Kommission nicht von grundlegenden Änderungen aus. Für Niedersachsen wird nach gegenwärtiger Einschätzung aber stärker von Bedeutung sein, von welchen thematischen Einengungen wir im künftigen Förderzeitraum ausgehen müssen.

Soll sich die künftige Kohäsionspolitik auf die Bewältigung der Herausforderungen bis 2020 konzentrieren? Dies könnte eine thematische Fokussierung auf die Themen Bewältigung des demografischen Wandels, Globalisierung, Anpassung an den Klimawandel und Energieversorgung bedeuten. Wieweit muss die Förderung auf diese neuen Schwerpunkte fokussiert oder gar in großen Teilen umgestellt werden? Oder bietet die künftige Kohäsionspolitik den bisherigen thematischen Handlungsraum, so dass die Regionen ihre individuellen Wachstumsstrategien finden und umsetzen können?

Läuft das möglicherweise auf einen Spagat hinaus: einerseits stärker als bislang Zielvereinbarungen auf Programmebene mit der Kommission zu erfüllen und andererseits auf Projektebene den Regionen bedarfsgerechte Förderhilfen anzubieten?

Fazit

Diese Fragen müssen größtenteils im Verlaufe der in den nächsten zwei Jahren stattfindenden Debatte um die Ausgestaltung der künftigen EU-Kohäsionspolitik beantwortet werden.

Dennoch werden sich daraufhin auf Landesebene Optionen ergeben, über die zu entscheiden sein wird. Es wird sich mehr ändern, als die dann nach Niedersachsen fließenden Mittel prozentual auf die verbleibenden Förderbereiche umzulegen.

Wir können von folgendem ausgehen: Niedersachsen hat viele Potenziale aber auch Entwicklungsbedarfe. Wir werden absehbar deutlich weniger EU-Mittel ab 2014 verfügbar haben. Andere Förderungen des Bundes oder des Landes werden weder hinzutreten noch kompensieren.

Folglich wird die Interessenlage bestehen, die dann verfügbaren EU-Mittel höchst wirksam und nachhaltig einsetzen zu wollen. Dabei könnte auch die Absicht hinzukommen, den Mitteleinsatz steuernd im Sinne einer Anreizpolitik vorzunehmen. Soll heißen: wie können wir die Mittel so platzieren, dass die vorhin erwähnten landesspezifischen Themen Demografischer Wandel, Leistungsfähigkeit der Kommunen und Entwicklung des ländlichen Raums spürbar im Sinne von regionaler Wettbewerbsfähigkeit und Beschäftigung vorangebracht werden?

Vorstellbar wäre hierzu beispielsweise, die kommunale Zusammenarbeit zu stärken und Rahmenbedingungen zu schaffen, dass regionale Akteure stärker als bislang ihren Ressourceneinsatz miteinander abstimmen und einsetzen. Denn Wertschöpfungsketten können nur erfolgreich entwickelt werden, wenn die geografischen, wirtschaftlichen und soziologischen Verflechtungen im gesamten Teilraum einbezogen werden. So könnten die EU-Mittel mit Vorrang für gemeinsame Vorhaben des demografischen Wandels mehrerer kommunaler Akteure eingesetzt werden.

Oder für landkreisübergreifende RTB; gerade wenn die künftige Mittelausstattung absehbar kaum reichen wird, wiederum alle Landkreise und kreisfreien Städte hiermit auszustatten.

Aber es kommt dabei auch der Gedanke ins Spiel, statt statisch bei einem festen Prozentsatz festgeschriebener kommunaler Eigenbeteiligungen zu bleiben, diese auf die finanzielle Leistungsfähigkeit abzustellen und so dafür zu sorgen, dass stärker als bislang strukturschwache Kommunen in den Genuss strukturverbessernder Maßnahmen kommen können.

Lassen Sie mich zum Schluss sagen, dass es nun auf gezielte und frühzeitig einzuleitende Beteiligungen mit den regionalen Akteuren, vor allem der kommunalen Ebene, ankommen wird. Die genannten Prozesse und Zielsetzungen müssen rechtzeitig als Grundlage einer in Brüssel dann einzureichenden Programmstrategie des Landes abgestimmt werden. Dies sollte dann wieder die Voraussetzung für einen pünktlichen Programmstart und einen wirkungsvollen Mitteleinsatz sein!

Anmerkung

* Es gilt das gesprochene Wort!

Karin Beckmann

Zwischenresümee zur Abschlussdiskussion

Begonnen haben wir mit Frau Stillers Zusammenfassung der Herausforderungen an die regionale Strukturpolitik.
- Polarisierung in der räumlichen Entwicklung von Bevölkerung und Arbeitsplätzen (z. B. Bevölkerungsprognose über 30 Jahre Stadt Salzgitter -28%, Landkreis Vechta +20%);
- Wirtschaftliche Zukunft in Deutschland bei wissensintensiven Dienstleistungen und forschungsintensiver Industrie;
- Bedeutung des Wissens steigt, aber sehr unterschiedliche regionale Wissensbasis
- Standortwahl von Unternehmen richtet sich zunehmend nach dem Vorhandensein qualifizierter Menschen;
- Regionale Strukturpolitik wird wichtiger, muss integrierte, also auch ressortübergreifende Strukturpolitik sein. Lösungsanforderungen werden komplexer. „Die Gewerbefläche allein gleicht regionale Disparitäten nicht aus".

Herr Prof. Jung hat die regionalen Unterschiede noch einmal anhand von Daten unterlegt. Vor allem für Südniedersachsen, Südostniedersachsen und die Nordseeküste sah er einen besonderen Förderbedarf und mahnte, dass Initiative gebündelt und aufeinander abgestimmt werden müssen.

Herr Mischwitz führte regionale Schwächen auch auf unzulängliches Verwaltungshandeln und eine fehlende Kommunikation- und Kooperationskultur in einigen Regionen zurück. Demzufolge sprach er sich für einen Entwicklungsansatz nicht der großen Würfe oder der Hoffnung auf große Würfe, sondern des Ermöglichens und In die Lage–Versetzens aus (Qualifizierung, Beratung, Coaching). Die Unterstützung muss es sowohl in Schrumpfungs- als auch in Wachstumsprozess von Regionen geben. Diese Prozesse müssen langfristig unterstützt werden.

Karin Beckmann

Herr Bornemann wies auf Vorteile der bisherigen EFRE-Förderung, wie die Ausrichtung regionaler Maßnahmen an europaweit gültigen Strategien und die relative Verlässlichkeit siebenjähriger Förderperioden hin, stellte neue Instrumente wie WB-Verfahren und neue Finanzierungsinstrumente heraus. Er machte deutlich, dass direkte europäische Programme, wie das FRP, nicht ausreichen, sondern regionale Innovationssysteme nur durch Regionalförderung gestärkt werden können. Ohne die Mitnahme der Regionen können die Innovationsziele der EU nicht erreicht werden.

In der Diskussion wurde darauf hingewiesen, dass eine zu starke Konzentration auf den Ausgleichsgedanken Regionen im internationalen Wettbewerb abhängen könnte. Daraus könnte ein ausgeglichenes schwaches Niveau werden.

Zur Arbeitsgruppe 1: Aufbau und Erhalt von Netzwerken

In der Arbeitsgruppe 1 wurde basierend auf der Darstellung der Clusterstrategie NRW durch Herrn Dr. Haussberg und die Präsentation zweier Praxisprojekte v.a. über Erfolgsfaktoren von Netzwerken gesprochen. Diese Netzwerke sind sehr auf wirtschaftliche Entwicklung über Qualifizierung, Kooperation zwischen Unternehmen und regionales Marketing ausgerichtet. Öffentliche Förderung ist Anschub, Mehrwert für Unternehmen musssichtbar sein. Es wurde beklagt, dass gerade größere Unternehmen in Niedersachsen sich schwertun mit der Unterstützung regionaler Initiative – anders als z. B. im Rhein-Neckar-Gebiet. Wichtig ist, dass Netzwerke Themen immer auf der angemessenen regionalen Ebene bearbeiten. Für das, was regional geregelt werden kann, ist die Bereitschaft zum finanziellen Engagement auch größer. Nur Dinge, die landesweit koordiniert werden müssen, sollten auf dieser Ebene angesiedelt werden. Einigkeit, dass regionale Netzwerke für die wirtschaftliche Entwicklung von großer Bedeutung sind.

Zur Arbeitsgruppe 2: Finanzierungsinstrumente für die Förderung von KMU

Förderung auf Innovation, Beschäftigung, Wachstum ausrichten.

Zunächst wurde noch einmal die aktuelle Förderung dargestellt. Z. B. ländliche Räume haben nicht weniger Mittel bekommen als Städte. Es wird im Qualitätswettbewerb entschieden, also über Punktesysteme. Es wurde lange über den Innovationsbegriff in der Perspektive der regionalen Potenziale und der europäischen Anforderungen diskutiert. Die Nutzbarkeit von RTBs für die Förderung von Innovationen wurde kontrovers oder mit unterschiedlichen Erfahrungen diskutiert, Wettbewerbsverfahren als Auswahlmöglichkeit für Förderung wurden ebenfalls mit Für und Wider durchgesprochen.

Die zukünftige Ausrichtung der EU-Strukturpolitik sollte aber letztlich nicht nur in Bezug auf die Förderung von Unternehmen, sondern auch in anderen Bereichen wie Infrastruktur beleuchtet werden, also in Bezug auf:
- Regionen, die von Abwanderung betroffen sind
- Umgang mit begleitenden Infrastrukturen
- Netzwerkfähigkeit regionaler Akteure

Hierfür sollte auf Landesebene ein Handlungsrahmen für die Regionen gegeben werden, der dann in Bezug auf die Förderung in das Zielsystem der EU integriert werden sollte.

Eine bessere Abstimmung der Programme aus den Fonds ELER, EFRE und ESF sollte stattfinden. Die 2. Säule des ELER sollte ausgebaut werden, in Umkehrung des aktuellen Mottos, also das Geld „weg von den Höfen, rein in die ländliche Entwicklung".

Wichtig ist es, regionale Handlungsnotwendigkeiten zu entwickeln und dann zu sehen, was regional und was unter Einsatz der Strukturfonds umsetzbar ist.

Nach den Arbeitsgruppen

Herr Münch sprach über Grundzüge der aktuellen strukturpolitischen Diskussion in der Kommission. Europa2020 mit den Schwerpunkten Bildung, Armutsbekämpfung, Klima und Energie, Forschung und Entwicklung.

Was sich ändern soll:
- Begrenzte Zahl von Prioritäten (2-3 Ziele Ziel2 Gebiet),
- Nicht klassischer Umweltschutz, sondern nachhaltiges Wachstum,
- Stärkere Konditionalität (für deutsche Regionen leicht einzulösen),
- Mehr Gewicht auf neue Finanzierungsinstrumente, weniger Zuschuss.

Karin Beckmann

Es soll territoriale Strategien geben (z.B. Nordseeküste). Regionale Akteure sollen stärker einbezogen werden, es soll weiter drei Regionstypen geben (evtl. nur Phasing Out oder Phasing In-Frage, ob die Mittel zu Lasten von Konvergenz oder RWB gehen), er erläuterte den Zeitplan, der dieses Mal zu einem pünktlichen Start der Programme führen soll. Abends hat Herr Franz dann noch einmal Europa2020 zusammengefasst und aufgezeigt, was in Niedersachsen bei EFRE und ESF geändert/überarbeitet werden müsste, vorausgesetzt Niedersachsen würde alles weitermachen wollen, was bisher gefördert wurde und nur auf Restriktionen aus Brüssel reagieren. Auf einer Tagung zur Zukunft der regionalen Strukturpolitik sollten aber erst Strategien diskutiert und dann Fördermöglichkeiten ausgelotet werden.

Herr Brandt sprach über die Konzentration der Wissensträger auf städtische Zentren (Nds. schwach), durch Innovative Kulturen und Innovative Vernetzungsstrukturen.

Themen der Zukunft wie Gesundheit/Ressourceneffizienz kennen wir. Das sind existenzielle Herausforderungen, denen wir uns stellen müssen. Ganze Bereiche der Strukturpolitik wurden gestern höchstens am Rande diskutiert z. B. Landesinitiative Hochschulen. Notwendigkeiten sind stichpunktartig:

- Fokussierung auf Qualifizierung, Wissensvernetzung, Ressourceneffizienz;
- Schwerpunktsetzung in den Zukunftsfeldern: Nachhaltigkeit, Gesundheit;
- Wettbewerbsverfahren, um Ideen zu entwickeln, keine Startvorteile für „Metropolen";
- Neuer Innovationsbegriff – Prozessinnovation auch niedrigschwelliger;
- Bedeutung von Netzwerkprojekten auch in Zusammenarbeit mit Hochschulen und Bildungsträgern; Nutzung der Möglichkeit offener Hochschulen;
- Innovation stärkeres Gewicht in der Förderung;
- Konzentration der Regionalisierten Teilbudgets auf Metropolregionen und Wachstumsinitiativen, da größere Raumeinheiten nötig, um Herausforderungen in Kooperation zu bestehen.

Herr Runge hat dann zunächst niedersächsische Stärken herausgestellt, gerade auch in Bezug auf die von Herrn Brandt genannten Zukunftsthemen: Regionen nehmen ihr Schicksal in regionalen Kooperationen selbst in die Hand; sie sind gut für die Zukunft aufgestellt.

- Demografischer Wandel → Infrastruktur
- Leistungsfähigkeit der Kommunen:
    - Zukunftsvertrag der Landesregierung
    - Zielgerichteter Einsatz der Finanzmittel auf strukturschwache Regionen
    Ist zu klären:
    - Wie fließt das ein in Förderprogramme?
    - Viele Fragen, die hier diskutiert würden, können aufgrund der Mittelsituation evtl. hinfällig sein.

Hinweis: jährliche Zielvereinbarungen – niedersächsische Schwerpunktsetzungen, möglicherweise nur agieren über regionale Entwicklungsstrategien.

Evtl. muss die gesamte Förderstruktur in Niedersachen komplett überarbeitet werden. Eine verstärkte Zusammenarbeit der Landkreise ist dabei ein großes Diskussionsthema.

Anhang

Tagungsprogramm

- **Donnerstag, 18. November 2010**

10:30 **Begrüßung und Einführung**
Dr. Joachim **Lange**, Evangelische Akademie Loccum

10:40 **Herausforderungen für die regionale Strukturpolitik**
Dr. Silvia **Stiller**, Hamburgisches Weltwirtschaftsinstitut HWWI, Hamburg

Zehn Thesen zu den Entwicklungsperspektiven urbaner und ländlicher Räume
Prof. Dr. Hans-Ulrich **Jung**, Niedersächsisches Institut für Wirtschaftsforschung NIW, Hannover

Wo steht die regionale Strukturpolitik im ländlichen Raum und in urbanen Räumen
Dr. Guido **Nischwitz**, Institut Arbeit und Wirtschaft IAW, Bremen
Holger **Bornemann**, Prognos AG, Bremen

12:30 Mittagessen

13:30 **Die EU Regionalpolitik in der kommenden Förderperiode**
Wolfgang **Münch**, Generaldirektion Regionalpolitik, Europäische Kommission, Brüssel

Regionale Strukturpolitik...

... zwischen Lissabonzielen und Ausgleichsziel
Prof. Dr. Kilian **Bizer**, Direktor, Volkswirtschaftliches Institut für Mittelstand und Handwerk an der Universität Göttingen

Tagungsprogramm

... beim Aufbau und Erhalt von Netzwerken
Dr. Bernhard **Hausberg**, Leiter NRW Clustersekretariat, Düsseldorf

... bei den Finanzierungsinstrumenten für die Förderung von KMU
Martin **Jung**, Geschäftsführer, Evers & Jung Forschung und Beratung in Finanzdienstleistungen, Hamburg

15:30   Kaffee & Kuchen

16:00   Vertiefte Diskussion in Arbeitsgruppen

AG 1 Aufbau und Erhalt von Netzwerken
Hermann **Wocken**, Geschäftsführer, Wachstumsregion Ems-Achse e.V., Papenburg
Dr. Klaus **Richter**, LMC Clustermanager, L.M.C. Logistik- und Mobilitäts-Cluster Göttingen/Süd-Niedersachsen
Dr. Bernhard **Hausberg**, Düsseldorf
Moderation: Karin **Beckmann**, NBank, Hannover

AG 2 Finanzierungsinstrumente für die Förderung von KMU
Burkhard **Balz**, MdEP, Brüssel/Stadthagen
Georg **Henze**, NBank, Hannover
Martin **Jung**, Hamburg
Moderation: Dr. Joachim **Lange**, Evangelische Akademie Loccum

AG 3 Förderung auf Innovation, Beschäftigung und Wachstum ausrichten: Neue methodische Ansätze und die Konsequenzen für die verschiedenen Zielsetzungen
Eingeleitet durch einen Beitrag zu RTBs und Wettbewerbsverfahren von Alexander **Skubowius**, NIW, Hannover
Bernd **Lange,** MdEP, Brüssel/Hannover
Prof. Dr. Kilian **Bizer**, Göttingen
Moderation: Janin **Wieja**, NBank, Hannover

Tagungsprogramm

18:30　Abendessen

19:30　**„Europa 2020": Ein Ausblick auf die zukünftige EU-Förderung**
Eberhard **Franz**, Nds. Ministerium für Wirtschaft, Arbeit und Verkehr, Hannover

■　**Freitag, 19. November 2010**

08:15　Einladung zur Morgenandacht, Frühstück

09:30　**Strukturpolitik 2.0**
Dr. Arno **Brandt**, NORD/LB, Hannover

**Zukünftige regionale Strukturpolitik
aus Sicht der Landesregierung**
Michael **Runge**, Niedersächsische Staatskanzlei, Hannover

Kaffeepause

Abschlussdiskussion
eingeleitet durch ein kurzes Zwischenresümee
Karin **Beckmann**, NBank, Hannover
Michael **Runge**, Nds. Staatskanzlei, Hannover
Holger **Bornemann**, Prognos AG, Bremen
Dr. Arno **Brandt**, NORD/LB, Hannover
Prof. Dr. Hans-Ulrich **Jung**, NIW, Hannover

12:30　Mittagessen und Ende der Tagung

Teilnehmerinnen und Teilnehmer

Altmann, Dr. Anja, NBank, Hannover
Balz, Burkhard, MdEP, Brüssel, Stadthagen
Beckmann, Karin, NBank, Hannover
Behne, Martina, Region Hannover, Hannover
Beuning, Sonja, Landkreis Schaumburg, Stadthagen
Bizer, Prof. Dr. Kilian, Georg-August-Universität Göttingen, Wirtschaftspolitik und Mittelstandsforschung, Göttingen
Born, Hans-Ulrich, Weserbergland AG, Hameln
Bornemann, Holger, PROGNOS AG, Bremen
Böttcher, Fabian, Niedersächsisches Institut für Wirtschaftsförderung, Hannover
Brandner, Zita, NORD/LB, Regionalwirtschaft, Hannover
Brandt, Dr. Arno, NORD/LB, Regionalwirtschaft, Hannover
Brockmann, Lutz, Stadt Verden (Aller), Verden (Aller)
Brunken, Kerstin, RegioNord Consulting GmbH, Hannover
Bungenstock, Pastor Rainer, Ev.-luth. Marahrens Heimvolkshochschule e.V., Rehburg-Loccum
Buß, Dr. Hans-Jürgen, Innovationszentrum Niedersachsen GmbH, Hannover
Christensen, Helga, Hannover
Dallmöller, Gerhard, Industrie- und Handelskammer Osnabrück-Emsland, Osnabrück
Deeben, Katharina, Landkreis Cloppenburg, Gesellschaft für Wirtschaftsförderung, Cloppenburg
Dickow, Marie Christin, RegioNord Consulting GmbH, Hannover
Drangmeister, Claudia, NORD/LB, Regionalwirtschaft, Hannover
Eckardt, Daniel, Landkreis Celle, Amt für Wirtschaftsförderung, Celle
Eisermann, Heinz-Dieter, Stadt Helmstedt, Helmstedt
Fintel, Anke von, Landkreis Heidekreis, Fachgruppe 09.1 Regional- und Bauleitplanung, Soltau
Fisch, Dr. Gerhard, Bundesministerium für Wirtschaft und Technologie, Berlin
Fischer, Manfred, Niedersächsischer Landkreistag, Hannover

Teilnehmerinnen und Teilnehmer

Flammang, Romano, Landkreis Hameln-Pyrmont, Referat Wirtschaftsförderung / Regionale Entwicklung, Hameln
Folger, Ulrich, Bildungswerk der Niedersächsischen Wirtschaft, Oldenburg
Fornahl, Dr. Dirk, BAW Institut für regionale Wirtschaftsforschung GmbH, Bremen
Franz, Eberhard, Niedersächsisches Ministerium für Wirtschaft, Arbeit und Verkehr, Referat 14, Hannover
Franzke, Dr.Ing. Stefan, Innovationszentrum Niedersachsen GmbH, Hannover
Gehrke, Jan-Phlipp, RegioNord Consulting GmH, Hannover
Göbeke, Daniel, wito GmbH, Ilsede
Goldstein, Christiane, Niedersächsisches Finanzministerium, Ref.152, Hannover
Gubaydullina, Dr. Zulia, Handwerkskammer Hannover, Wirtschaftsförderung, Hannover
Hanachi, Melanie, Landkreis Holzminden, Strategische Planung-Wirtschaft-Leader, Holzminden
Hartke, Prof. Dr. Stefan, Niedersächsisches Ministerium für Wirtschaft, Arbeit und Verkehr, Hannover
Hausberg, Dr. Bernhard, NRW Clustersekretariat, c/o VDI Technologiezentrum GmbH, Düsseldorf
Heberling, Martin, Dortmund
Heine, Martin, RegioNord Consulting GmbH, Hannover
Helberg-Manke, Ulrike, Landkreis Verden, Koordinierungsstelle Frau und Wirtschaft, Verden (Aller)
Henze, Georg, NBank – Investitions- und Förderbank Niedersachsen GmbH, Finanzberatung, Hannover
Hett, Dr. Hans-Jürgen, Entwicklungsgesellschaft Brunsbüttel mbH, Brunsbüttel
Hoffmann, Hans-Jürgen, Arbeit und Leben Niedersachsen e.V., Hannover
Hoffmann, Klaus, Gesellschaft für Wirtschaftsförderung und Stadtentwicklung Göttingen mbH – GWG, Göttingen
Hopp, Claudia, Niedersächsisches Ministerium für Ernährung, Landwirtschaft, Verbraucherschutz und Landesentwicklung, Hannover
Hülz, Dr. Martina, RegioNord Consulting GmbH, Hannover
Hummel-Manzau, Martina, Entwicklungsgesellschaft Brunsbüttel mbH, Brunsbüttel
Jung, Martin, Evers & Jung GbR, Hamburg

Teilnehmerinnen und Teilnehmer

Jung, Prof. Dr. Hans-Ulrich, Niedersächsisches Institut für Wirtschaftsforschung e.v., Hannover
Kägeler-Evers, Hartmut, Volkswagen Qualifizierungsgesellschaft mbH, Wolfsburg
Kammann, Rolf, Wirtschaftsfördergesellschaft Vorpommern mbH, Greifswald
Kanning, Prof. Dr. Helga, Fachhochschule Hannover AGIP, Fachhochschulforschung, Geschäftsstelle, Hannover
Kenke, Otto, Landkreis Aurich, Aurich
Kipp, Dr. Daniel, Dieter Meyer Consulting GmbH, Oldenburg
Klaßen, Dr. Iris, WTP GmbH, Wissenschaftsmanagement, Lübeck
Klüber-Süßle, Dr. Jutta, Landkreis Holzminden, Holzminden
Klug, Helmut, Emden
Köhlmann, Barbara, Institut für Berufliche Bildung AG, Buxtehude
Koröde, Birgit, Stadt Verden (Aller), Verden (Aller)
Kramer, Gottfried Wilhelm Leibniz Universität Hannover, Institut für Wirtschafts- und Kulturgeographie, Hannover
Krieger, Robert, Stadt Braunschweig, Ref. Stadtentwicklung und Statistik, Braunschweig
Kröcher, Uwe, regio institut, Oldenburg
Kupsch, Uta, WIN Wirtschaftsförderung im Landkreis Nienburg/Weser, Nienburg
Kuras, Peter, Landesverwaltungsamt Sachsen-Anhalt, Referat PE, Aus- und Fortbildung, Halle (Saale)
Lahner, Dr. Jörg, Hochschule für angewandte Wissenschaft und Kunst – HAWK-HHG, Fachhochschule Hildesheim/Holzminden/Göttingen, Göttingen
Lange, Dr. Joachim, Studienleiter, Evangelische Akademie Loccum
Lange, Bernd, MdEP, Brüssel, Hannover
Lehmann, Stephanie, Georg-August-Universität Göttingen, Volkswirtschaftliches Institut für Mittelstand und Handwerk, Göttingen
Linke, Michael, Landesverwaltungsamt Sachsen-Anhalt, Referat PE, Aus- und Fortbildung, Halle (Saale)
Löwer, Markus, Niedersächsische Landgesellschaft mbH, Gemeinnütziges Unternehmen für die Entwicklung des ländlichen Raumes, Hannover
Luipold, Uwe, Regioconsult, Berlin
Matthias, Ulrich, Hannover

Teilnehmerinnen und Teilnehmer

Meilwes, Dr. Michael, hannoverimpuls GmbH, Hannover
Meyer, Carola, Forschungsflughafen Braunschweig GmbH, Braunschweig
Meyer, Ralf, hannoverimpuls GmbH, Hannover
Mönkemeyer, Friedrich, Samtgemeinde Eschershausen, Eschershausen
Mörker, Sven, Landkreis Diepholz, Wirtschaftsförderung, Diepholz
Müller, Christian, Landkreis Heidekreis, Fachgruppe 09.1 Regional- und Bauleitplanung, Soltau
Müller, Thomas, IG Metall, Bezirksleitung Niedersachsen – Sachsen Anhalt, Hannover
Münch, Wolfgang, Europäische Kommission, Generaldirektion Regionalpolitik, Bruxelles
Mußmann, Dr. Frank, Göttingen
Nawratil, Reinhold, Norderstedt
Nischwitz, Dr. Guido, Universität Bremen, Institut Arbeit und Wirtschaft IAW, Bremen
Nowak, Raimund, Metropolregion GmbH, Hannover
Pagels, Dietrich, Landkreis Nienburg/Weser, Amt für Regionalplanung, Nienburg
Pickelmann, Tobias, Institut für Arbeitsmarkt- und Berufsforschung, Nürnberg
Plinke, Dierk, Landkreis Hameln-Pyrmont, Referat Wirtschaftsförderung / Regionale Entwicklung, Hameln
Politt, Brigitte, Hannover
Puchert, Dr. Katrin, Gesellschaft für Struktur- und Arbeitsmarktentwicklung GSA, Schwerin
Rahlf, Stephanie, Kommunikative Stadt- und Regionalentwicklung – KoRiS, Hannover
Richter, Dr. Klaus, Haus der Netzwerke, MobilitätsTalk.Niedersachsen, Göttingen
Rolfes, Herbert, Landkreis Emsland, Stabsstelle des Landrats, Meppen
Roscher, Erika Assuncao, Niedersächsisches Ministerium für Wirtschaft, Arbeit und Verkehr, Hannover
Runge, Michael, Niedersächsische Staatskanzlei, Hannover
Sander, Dieter, Landkreis Verden, Amt für Wirtschaftsförderung, Verden (Aller)
Schauer, Isabel, Hochschule für angewandte Wissenschaft und Kunst HAWK, Fachhochschule Hildesheim/Holzminden/Göttingen, Fakultät Ressourcenmanagement, Göttingen
Schneider, Dörte, Bildungswerk der Niedersächsischen Wirtschaft, Oldenburg
Schnieder, Frank, Jadebay GmbH, Wilhelmshaven

Teilnehmerinnen und Teilnehmer

Schrader, Antje, Nieders. Ministerium für Wirtschaft, Arbeit und Verkehr, Hannover
Schürzeberg, Angela, Landkreis Holzminden, Wirtschaftsförderung, Holzminden
Skubowius, Alexander, Niedersächsisches Institut für Wirtschaftsforschung e.V. – NIW, Hannover
Spickmann, Rainer, BTZ des Handwerks GmbH, Lingen
Stahn, Roland, Grontmij GmbH, GfL Planungs- und Ingenieurgesellschaft GmbH, Bremen
Stefansky, Andreas, ARL, Hannover
Steincke, Manfred, Hannover
Stiege, Dirk, PriceWaterhouseCoopers AG WPG, Hannover
Stiller, Dr. Silvia, Hamburgisches Weltwirtschaftsinstitut (HWWI), Hamburg
Strack, Karen, re.urban Stadterneuerungsgesellschaft mbH, Oldenburg
Tegeler, Stefan, Landkreis Schaumburg, Wirtschaftsförderung/Regionalplanung, Stadthagen
Titze, Mirko, Institut für Wirtschaftsforschung Halle (IWH), Halle (Saale)
Ullrich, Matthias, Wirtschaftsförderungsgesellschaft Hildesheim Region (HI-REG) mbH, Hildesheim
Weber, Kai, Wirtschaftsförderungsgesellschaft Hildesheim Region (HI-REG), Hildesheim
Weppe, Benjamin, RegioNord Consulting GmbH, Hannover
Wieja, Janin, NBank, Hannover
Wiencke, Andrea, projekt Region Braunschweig GmbH, Braunschweig
Witt, Dr. Ulrike, Niedersächsisches Ministerium für Wissenschaft und Kultur, Hannover
Wocken, Hermann, Wachstumsregion Ems-Achse e.V., Papenburg
Wolff-Gebhardt, Ulrike, Norden
Wollenburg, Elvira, Landkreis Holzminden, Wirtschaftsförderung, Holzminden
Wonik, Lisa, hannoverimpuls GmbH, Hannover
Ziegenhagen, Jan Cord, WIN Wirtschaftsförderung im Landkreis Nienburg/Weser GmbH, Nienburg

Evangelische Akademie ⅓ Loccum

Loccumer Protokolle

Ausgewählte Tagungsdokumentationen der Evangelischen Akademie Loccum aus der Reihe „Loccumer Protokolle". Eine vollständige Auflistung der lieferbaren Veröffentlichungen finden Sie im Internet unter *www.loccum.de* oder wird auf Anfrage verschickt. Bestellungen bitte unter Angabe der Protokollnummer entweder im Internet oder über den Buchhandel oder direkt an:

Evangelische Akademie Loccum
Protokollstelle
Postfach 2158
31545 Rehburg-Loccum
Telefon: 05766/81-119; Telefax: 05766/81-900
E-Mail: Protokoll.eal@evlka.de

12/11 Griechenland und die Lehren für die Euro-Zone.
       Was ist für die Bewältigung der Finanz- und Verschuldungskrise zu tun?
       Hrsg. v. Joachim Lange, Rehburg-Loccum 2011,
       ISBN 978-3-8172-1211-8, 212 Seiten, 12,00 EUR.

03/11 Dasselbe in grün? Die Gemeinsame Agrarpolitik nach 2013
       Hrsg. v. Joachim Lange, Rehburg-Loccum 2011,
       ISBN 978-3-8172-0311-6, 265 Seiten, 14,00 EUR.

67/10 Gemeindefinanzpolitik in der Krise.
       Steuerreform, Haushaltskonsolidierung und öffentliche Aufgaben
       Hrsg. v. Joachim Lange und Martin Junkernheinrich,
       Rehburg-Loccum 2011, ISBN 978-3-8172-6710-1,
       212 Seiten, 12,00 EUR.

Loccumer Protokolle

09/10 **Aus dem Gleichgewicht?**
Außenwirtschaftliches Ungleichgewicht
und die Lehren der Krise für die deutsche Wirtschaftspolitik
Hrsg. v. Joachim Lange, Rehburg-Loccum 2. Auflage 2010,
ISBN 978-3-8172-0910-1, 252 Seiten, 14,00 EUR.

02/10 **Deutschlands Platz in der globalen Landwirtschaft**
Hrsg. v. Joachim Lange, Rehburg-Loccum 2010,
ISBN 978-3-8172-0210-2, 188 Seiten, 12,00 EUR.

69/09 **In schwerer See?**
Maritime Wirtschaft und regionale Strukturpolitik in Krisenzeiten
Hrsg. v. Joachim Lange und Arno Brandt, Rehburg-Loccum 2010,
ISBN 978-3-8172-6909-9, 192 Seiten, 12,00 EUR.

42/09 **Die Krise.**
Neue Herausforderungen für die Wirtschafts- und Strukturpolitik
Hrsg. v. Joachim Lange und Arno Brandt, Rehburg-Loccum 2010,
ISBN 978-3-8172-4209-2, 188 Seiten, 12,00 EUR.

09/09 **SGB II.**
Die Lehren aus der Evaluationsforschung nach § 6c
Hrsg. v. Joachim Lange, Rehburg-Loccum 2009,
ISBN 978-3-8172-0909-5, 396 Seiten, 16,00 EUR.

08/09 **Zur Bildung befähigen.**
Wie kann das Bildungsscheitern der jungen männlichen Migranten überwunden werden?
Hrsg. v. Andrea Grimm, Rehburg-Loccum 2009,
ISBN 978-3-8172-0809-8, 196 Seiten, 12,00 EUR.

70/08 **Regionale Kreditinstitute und Wirtschaftsförderung.**
Gemeinsame Interessen – gemeinsames Vorgehen?
Hrsg. v. Joachim Lange und Arno Brandt, Rehburg-Loccum 2009,
ISBN 978-3-8172-7008-8, 140 Seiten, 9,00 EUR.

18/08 **Maritime Wirtschaft:**
Chance und Aufgabe der Regionalentwicklung
im deutschen Nordseeraum
Hrsg. v. Joachim Lange und Arno Brandt, Rehburg-Loccum 2009,
ISBN 978-3-8172-1808-0, 184 Seiten, 12,00 EUR.

61/07 **Weiter Bildung!**
Berufliche Weiterbildung Älterer in kleinen
und mittleren Unternehmen
Hrsg. v. Werner Sesselmeier, Joachim Lange und Kilian Bizer,
Rehburg-Loccum 2008, ISBN 978-3-8172-6107-9, 300 Seiten, 14,00 EUR.